ऑथेलो

शेक्सपियर

अनुवाद : डॉ. रांगेय राघव

अनुवाद
रांगेय राघव

ISBN : 978-93-5064-213-9

संस्करण : 2014 © राजपाल एण्ड सन्ज़

OTHELLO (Play) (Hindi edition of *Othello* by Shakespeare)

राजपाल एण्ड सन्ज़

1590, मदरसा रोड, कश्मीरी गेट-दिल्ली-110006

फोनः 011-23869812, 23865483, फैक्सः 011-23867791

website : www.rajpalpublishing.com

e-mail : sales@rajpalpublishing.com

शेक्सपियर : संक्षिप्त परिचय

शेक्सपियर : विश्व-साहित्य के गौरव, अंग्रेज़ी भाषा के अद्वितीय नाटककार शेक्सपियर का जन्म 26 अप्रैल, 1564 ई॰ में स्ट्रेटफोर्ड-आन ऐवोन नामक स्थान में हुआ। उसकी बाल्यावस्था के विषय में बहुत कम ज्ञात है। उसका पिता एक किसान का पुत्र था, जिसने अपने पुत्र की शिक्षा का अच्छा प्रबन्ध भी नहीं किया। 1582 ई॰ में शेक्सपियर का विवाह अपने से आठ वर्ष बड़ी ऐनहैथवे से हुआ और सम्भवतः उसका पारिवारिक जीवन सन्तोषजनक नहीं था। महारानी एलिज़ाबेथ के शासनकाल में 1585 ई. में शेक्सपियर लंदन जाकर नाटक कम्पनियों में काम करने लगा। हमारे जायसी, सूर और तुलसी का प्रायः समकालीन यह कवि यहीं आकर यशस्वी हुआ और उसने अनेक नाटक लिखे, जिनसे उसने धन और यश दोनों कमाए। 1612 ई. में उसने लिखना छोड़ दिया और अपने जन्म-स्थान को लौट गया और शेष जीवन उसने समृद्धि तथा सम्मान से बिताया। 1616 ई. में उसका स्वर्गवास हुआ।

इस महान नाटककार ने जीवन के इतने पहलुओं को इतनी गहराई से चित्रित किया है कि वह विश्व-साहित्य में अपना सानी सहज ही नहीं पाता। मारलो तथा बेन जानसन जैसे उसके समकालीन कवि उसका उपहास करते रहे, किन्तु वे तो लुप्तप्राय हो गए और यह कवि-कुल दिवाकर आज भी देदीप्यमान है।

शेक्सपियर ने लगभग छत्तीस नाटक लिखे हैं, कविताएँ अलग। उसके कुछ प्रसिद्ध नाटक हैं—जूलियस सीज़र, ऑथेलो, मैकबेथ, हैमलेट, किंग लियर, रोमियो-जूलियट (दुःखान्त); एक सपना (ए मिड समर नाइट्स ड्रीम), वेनिस का सौदागर, बारहवीं रात, तिल का ताड़ (मच एडू एबाउट नथिंग); तूफ़ान (सुखान्त)। इनके अतिरिक्त ऐतिहासिक नाटक तथा प्रहसन भी हैं। प्रायः उसके सभी नाटक प्रसिद्ध हैं।

शेक्सपियर ने मानव-जीवन की शाश्वत भावनाओं को बड़े ही कुशल कलाकार की भांति चित्रित किया है। उसके पात्र आज भी जीवित दिखाई देते हैं। जिस भाषा में शेक्सपियर के नाटकों का अनुवाद नहीं है वह समृद्ध भाषाओं में कभी नहीं गिनी जा सकती।

भूमिका

‘ऑथेलो’ एक दुःखान्त नाटक है। शेक्सपियर ने इसे सन् 1601 से 1608 के बीच लिखा था। यह समय शेक्सपियर के नाट्य-साहित्य के निर्माण-काल में तीसरा काल माना जाता है जबकि उसने अपने प्रसिद्ध दुःखान्त नाटक लिखे थे। इस काल के नाटक प्रायः निराशा से भरे हैं।

‘ऑथेलो’ की कथा सम्भवतः शेक्सपियर से पहले भी प्रचलित थी। दरबारी नाटक-मण्डली ने राजा जेम्स प्रथम के समय में पहली नवम्बर 1604 ई॰ को सभा में ‘वेनिस का मूर’ नामक नाटक खेला था। शेक्सपियर ने भी **‘ऑथेलो’** नाटक का दूसरा नाम—‘वेनिस का मूर’ ही रखा है। सम्भवतः यह शेक्सपियर का ही नाटक रहा हो। कथा का मूल स्रोत सम्भवतः 1566 ई॰ में वेनिस में प्रकाशित जिराल्डी चिन्थिओ की ‘हिकैतोमिथी’ पुस्तक से लिया गया है। अंग्रेज़ी साहित्य में इस कथा का शेक्सपियर के अतिरिक्त कहीं विवरण प्राप्त नहीं होता। शेक्सपियर की कथा और चिन्थिओ की कथा में काफी अन्तर है।

इस कथा में मेरी राय में खलनायक इआगो का चित्रण इतना सबल है कि देखते ही बनता है। प्रायः प्रत्येक पात्र अपना सजीव चित्र छोड़ जाता है। विश्व-साहित्य में **‘ऑथेलो’** एक महान रचना है क्योंकि इसके प्रत्येक पृष्ठ में मानव-जीवन की उन गहराइयों का वर्णन मिलता है, जो कि सदैव स्मृति पर खिंचकर रह जाती हैं।

मैंने अपने अनुवाद को जहाँ तक हुआ है सहज बनाने की चेष्टा की है। कुछ बातें हमें याद रखनी चाहिए कि शेक्सपियर के समय में स्त्रियों का अभिनय लड़के करते थे। दूसरे, उसके समय में नाटकों में पर्दों का प्रयोग नहीं होता था, दर्शकों को काफी कल्पना करनी पड़ती थी। इन बातों के बावजूद शेक्सपियर की कलम का जादू सिर पर चढ़कर बोलता है। यदि आपको इस नाटक में कोई कमी लगे तो उसे शेक्सपियर पर न मढ़कर मेरे अनुवाद पर मढ़िए, मैं आभारी होऊँगा।

—रांगेय राघव

पात्र-परिचय

ऑथेलो	:	मूर[1]
ब्रैबेन्शियो	:	डैसडेमोना का पिता
कैसियो	:	एक सम्मानित सैन्य-पदाधिकारी (लेफ्टिनेण्ट)
इआगो	:	खलनायक : सेना में 'ऐन्शेण्ट' पद पर है
रोडरिगो	:	वेनिस का एक नागरिक, डैसडेमोना का प्रेमी
ड्यूक	:	वेनिस का शासक
मोनटानो	:	साइप्रस का राज्यपाल
लोडोविको	:	वेनिस के सम्भ्रान्त नागरिक
ग्रेशियानो	:	ब्रैबेन्शियो के सम्बन्धी
विदूषक	:	ऑथेलो का सेवक
डैसडेमोना	:	ब्रैबेन्शियो की पुत्री, ऑथेलो की पत्नी
इमीलिया	:	इआगो की स्त्री
बियान्का	:	कैसियो की रखैल

(साइप्रस के नागरिक, दूत, संबादवाहक, अफ़सर, जहाज़ी लोग (माँझी), गायक तथा सेवकगण, सिनेट (विधान-परिषद) के सदस्य इत्यादि)

---

1. मूर—उत्तरी अफ्रीका के निवासी का एक वंशज जो ईसाई है और इटली का वासी है। यह रंग का काला है क्योंकि उसमें हब्शी जाति का-सा रंग बाकी है, वैसी ही आकृति है। एक समय मध्यकाल में मूर बड़े महत्त्वपूर्ण होते थे।

पहला अंक

दृश्य 1

(वेनिस की एक गली)

(रोडरिगो और इआगो का प्रवेश)

रोडरिगो : क्या बात करते हो! मुझसे बहाने और चाल और वह भी तुम करोगे इआगो! इसकी तो मुझे आशा न थी। मेरे धन के बटुए की तनियों को तो तुमने सदैव अपना समझकर खोला, बन्द किया है और तब भी सब कुछ जान-बूझकर तुमने मुझसे दुराव किया?

इआगो : भगवान की सौगन्ध, कुछ मेरी भी सुनोगे या अपनी-अपनी कहे जाओगे? मुझे तो सपने में भी इसका गुमान नहीं था! अगर जानकर छिपाता तब तो तुम्हारी घृणा भी उचित होती!

रोडरिगो : तुम नहीं कहते थे कि तुम्हें उससे घृणा थी?

इआगो : यदि मैं उससे घृणा न करता होऊँ तो तुम मुझसे घृणा करो! वेनिस नगर के तीन-तीन सम्भ्रान्त नागरिक व्यक्तिगत रूप से उसके पास गए कि वह मुझे अपना लेफ्टिनेण्ट बनाए, मेरे ही लिए उन्होंने उससे सविनय प्रार्थना की! और क्या मैं अपना मूल्य नहीं जानता कि किसी भी परिस्थिति में मैं उस पद के लिए बिल्कुल योग्य था। किन्तु उसके अहं को ठेस लग गई। वह तो स्वार्थी ठहरा। उसने फौजी काम की बारीकियों के बारे में वह बड़ी-बड़ी बातें कीं, वे उलझनें पेश कीं कि सुनने योग्य थीं! उसने उनसे साफ इंकार कर दिया। नतीजा क्या निकला? मेरी सिफारिश करनेवालों को उसने बताया कि उक्त पद के लिए अफसर का चुनाव तो वह पहले ही कर चुका था। और किसका नाम बताया उसने, जानते हो? फ्लोरेन्स का माइकिल कैसियो, एक महान गणितज्ञ[1] का, शायद उसे एक सुन्दर स्त्री ने

---

1. व्यंग्य में कहता है, वैसे वह उसे आधे मुनीम से अधिक नहीं समझता।

बरबाद भी कर दिया है।[1] कभी उसने युद्धभूमि में सेना का संचालन नहीं किया, सिवाय इसके कि उसे किताबी जानकारी हो, शायद एक अनुभवहीन अविवाहित स्त्री से अधिक युद्ध के विषय में वह कुछ नहीं जानता। उसका सारा सैनिकत्व अभ्यासहीन वितण्डा-मात्र है। और उस आदमी को किसकी जगह चुना गया है, जानते हो? मेरी जगह; मैं, जिसकी योग्यता को रोहड्स और साइप्रस ही नहीं, अनेक ईसाई तथा विधर्मी भूमियों में हज़ारों आँखों ने देखा है। मैं तो इस पर हैरान हूँ कि मेरी जगह लेने वाला व्यक्ति सिर्फ बही-खाते लिखने के योग्य है। वह मुनीम उसका लेफ्टिनेण्ट बने और मूर महाराज का पुराना सेवक मैं एक अनुचर मात्र बना रहूँ। ईश्वर, क्या तू नहीं देखता? यही मेरी पुरानी सेवाओं का फल है?

रोडरिगो : मैं तो, भगवान की सौगन्ध, उस मूर का वधिक होना चाहता हूँ...फाँसी लगा दूँ उसे...

इआगो : लेकिन और कोई चारा भी तो नहीं, नौकरी का यह अभिशाप तो है ही कि उन्नति पक्षपात और सिफारिश पर ही निर्भर रहती है। अफसर खुश तो रास्ता साफ, वर्ना यह कौन देखता है कि योग्यता क्या है! नौकरी करते कितना समय निकल गया, कितना अनुभव प्राप्त हुआ! इस तरीके में तो एक गया और उसके पीछेवाले को अपने-आप जगह मिल गई। अब देखो न, तुम ही न्याय करो, क्या ऐसी हालत में मैं उस मूर से कभी भी प्रेम कर सकता हूँ?

रोडरिगो : मैं तो उसके अधीन कभी नौकरी ही नहीं करता!

इआगो : भाई मेरे, इस तरफ से फ़िक्र छोड़ दो! मैं उसकी सेवा करता हूँ, क्यों? सिर्फ अपनी योजना को उसके विरुद्ध पूरा करने को। सब तो स्वामी बन नहीं सकते, न सब स्वामियों की सेवा भी उसी भक्ति से की जा सकती है! तुमने बहुत-से कर्तव्यरत सेवक देखे होंगे जो अपने स्वामियों के लिए रोटी और वेतन के लिए ही अपने जीवन तक को खपा देते हैं! गधे की तरह बुढ़ापे तक खटते हैं और अन्त में अशक्त हो जाने पर निकाल दिए जाते हैं। ऐसे ईमानदार नीचों को तो कोड़े लगाने चाहिए। कुछ ऐसे नौकर होते हैं जो दिखाई तो देते हैं बड़े कर्तव्यरत और ईमानदार, पर अपने मतलब में चौकस होते हैं। इस तरह मालिक को दिखावे से प्रसन्न करके अपना घर भरते हैं। ये ही लोग असल में मज़ा लूटते हैं। वे अपने स्वामी के बल पर धन प्राप्त करते हैं और साहसी होते हैं। मैं ऐसों में से ही हूँ। अगर तुम रोडरिगो हो, उसी प्रकार यदि मैं मूर हूँ तो कभी इआगो न रहूँ। ईश्वर साक्षी है कि ऑथेलो की सेवा, मैं प्रेम और कर्तव्यवश नहीं, बल्कि अपनी स्वार्थसिद्धि के लिए करता हूँ। मेरा ध्येय विचित्र है, जिसमें बाहरी रूप से मैं कुछ और हूँ और मेरे भीतर कुछ

---

1. इसका अर्थ वैसे स्पष्ट नहीं है। कुछ लोगों का मत यों है—शायद अब वह एक सुन्दर स्त्री के चक्कर में पड़नेवाला है, जो उसे बरबाद कर देगी। एक और मत है—अब वह सुन्दर स्त्री को पत्नी बनाएगा, तो वह अवश्य ही उसे खोखला करके बरबाद कर डालेगी।

और ही है। अगर मैं इतना मूर्ख हो जाऊँ कि मेरे बाह्य व्यवहार से ही मेरे मन की बात का पता चल जाए तो समझ लेना कि मैं संसार में उपहास का पात्र बन जाऊँगा। जिसका भीतर-बाहर एक होता है उसका तो हर मूर्ख उपहास करता है। सच्चाई यह है कि मैं वह नहीं हूँ जिसका कि दिखावा करता हूँ।

रोडरिगो : लेकिन इस बात को यदि ऐसा ही माना जाए कि वह सफल हो गया, तो वह मोटे होंठोंवाला मूर कितनी प्रसन्नता नहीं पा गया?

इआगो : बढ़ो, उसके पिता को जगाओ, उसे सूचना दो! फिर ऑथेलो का पीछा करो, उसकी प्रसन्नता का नाश करो। पथों पर पुकार-पुकारकर उसके अपराधों की घोषणा करो! डैसडेमोना के रिश्तेदारों को उस मूर के विरुद्ध भड़काओ! हालाँकि वह इस समय हरियाली में है, उसके चारों ओर भयंकर मरुभूमि पैदा करने का यत्न करो! यद्यपि चारों ओर उसे प्रसन्नता ही प्रसन्नता दिखाई दे रही है, फिर भी तुम उसे दुःख और विषाद में ले जाने की चेष्टा करो! ऐसा करो कि उसके आनन्द की चमक धुँधली पड़कर बुझ जाए।

रोडरिगो : यह रहा उसके पिता का घर! मैं उसे पुकारकर बुलाता हूँ।

इआगो : ऐसी तड़पती आवाज़ में पुकारो, ऐसी चील्कार उठाओ, जैसे महानगर में अनजाने आग लग जाने पर रात को भीषण कोलाहल होता है।

रोडरिगो : जागो...जागो...ब्रैबेन्शियो...श्रीमान ब्रैबेन्शियो, उठो...

इआगो : उठो, ब्रैबेन्शियो...चोर...चोर...अपने घर को देखो...जागते जागते रहो....कहाँ है तुम्हारी पुत्री...तुम्हारा धन...चोर...चोर...

(ब्रैबेन्शियो एक खिड़की से झाँकता है।)

ब्रैबेन्शियो : यह कौन मुझे इस बुरी तरह चिल्लाकर बुला रहा है? आखिर बात क्या है?

रोडरिगो : श्रीमान्, क्या आपका सारा परिवार घर में है?

इआगो : क्या आपके द्वार सब सुरक्षित हैं? बन्द हैं?

ब्रैबेन्शियो : लेकिन इन सवालों के पूछे जाने का मतलब क्या है?

इआगो : श्रीमान्, आप लूटे जा रहे हैं और आपको पता भी नहीं है! अपनी इज़्ज़त को ढंकने का प्रयत्न करिए। आपका हृदय फट गया है, क्योंकि आपकी आत्मा की छाया—आपकी लड़की आपको छोड़ गई है। इस समय, हाँ इसी समय, अभी-अभी। एक अधेड़ काला मेंढ़ा[1] तुम्हारी लाड़ली गोरी भेड़ को फुसला रहा है। जागो, जागो, बजा दो घण्टा और जगा दो इन नींद में खुरटि भरते हुए नागरिकों को, वर्ना वह शैतान आपको नाना बनाकर छोड़ेगा। मैं कहता हूँ जागिए!

---

1. हिन्दी में मेंढ़े की मादा के लिए भेड़ के अतिरिक्त शब्द नहीं है, और इस भाव का कोई समानान्तर भी नहीं है।

ब्रैबेन्शियो : क्या कहा! पागल हो गए हो क्या?

रोडरिगो : अरे सम्मानित श्रीमन्त! आप मेरी आवाज़ पहचानते हैं?

ब्रैबेन्शियो : नहीं, कौन हो तुम?

रोडरिगो : मेरा नाम रोडरिगो है।

ब्रैबेन्शियो : इस नाम से तो तुम्हारा स्वागत और भी कम होगा। मैंने तुमसे कह दिया है कि मेरे घर के चक्कर मत लगाया करो। मैं साफ शब्दों में तुमसे कह चुका हूँ कि मेरी लड़की तुम्हारे लिए नहीं है। और अब खाना खाकर, डटकर शराब पीकर तुम नशे में यहाँ आए हो कि अपनी ईर्ष्या, प्रतिहिंसा और नीचता का प्रदर्शन करते हुए तुम मेरा विरोध करो और मेरी नींद बिगाड़ो।

रोडरिगो : शान्त होइए श्रीमन्त! शान्त होइए!

ब्रैबेन्शियो : लेकिन याद रखो कि मेरी शक्ति और मेरी आत्मा इतनी निर्बल नहीं कि तुम्हें इसका कड़वा फल न चखा सके।

रोडरिगो : धीरज धरिए श्रीमान्!

ब्रैबेन्शियो : तो बताओ यह चोरी-डकैती की बकवास क्या है? यह वेनिस है और मैं किसी बियाबान में तो नहीं रहता?

रोडरिगो : परम सम्भ्रान्त ब्रैबेन्शियो! मैं आपके पास बड़े ही सच्चे दिल से आया हूँ। मेरी आत्मा बिल्कुल शुद्ध है।

इआगो : श्रीमान्! आप उन लोगों में से हैं जो शैतान के कहने से भगवान की भक्ति भी नहीं कर सकते, क्योंकि आप जानते हैं कि बुराई में से अच्छाई कभी नहीं निकल सकती, क्योंकि हम आपकी सहायता करने आए हैं, आप हमें गुण्डा समझते हैं? आपकी लड़की को एक मस्ताने घोड़े ने घेर लिया है, आप अपनी सन्तान को हिनहिनाता देखना पसन्द करेंगे? आप अपनी लड़कियों के लिए मूर[1] घोड़ों का प्रबन्ध करेंगे?

ब्रैबेन्शियो : ज़रूर ही तू ऊँचा बदमाश है।

इआगो : आप ज़रूर हैं, सिनेटर जो हैं।[2]

ब्रैबेन्शियो : इसका तुझे जवाब देना होगा। रोडरिगो, तुझे तो मैं जानता हूँ!

रोडरिगो : श्रीमान्! मैं हर बात का जवाब दूँगा! लेकिन कृपया यह बताएँ कि क्या आपकी भी इसमें कुछ रज़ामन्दी थी कि आपकी लाड़ली बेटी इस रात की अन्धेरी बेला में सिर्फ एक माँझी के साथ, न सिपाही, न रक्षक, एक किराए के टट्टू नीच माँझी के साथ[3] वासनामत्त मूर के आलिंगन में बद्ध होने के लिए गई है? अगर

---

1. मूर ऑथेलो भी है, अफ्रीकी घोड़ा भी।
2. यह व्यंग्य है।
3. वेनिस में नहरें बहुत हैं; जिनमें नावें चलती हैं।

शायद आपकी भी ऐसी कुछ इच्छा इस कार्य में रही हो! अगर आप इसे जानते हों तो हम अवश्य इस कोलाहल के लिए अपराधी हैं, घोर अपराधी हैं। लेकिन अगर आपको इस विषय में कुछ भी ज्ञात नहीं है, तो जहाँ तक शिष्टाचार का मेरा ज्ञान है, मैं यही कह सकता हूँ कि आप हमारे प्रति अशिष्ट रहे हैं। आप यह न समझें कि आप जैसे सम्भ्रान्त और ऊँची स्थिति के व्यक्ति से ऐसे विषय में हम मज़ाक़ कर जाएँगे, इतनी बुद्धि और शिष्टता हम भी जानते हैं। मैं फिर दुहराता हूँ कि यदि आपकी पुत्री ने आपकी कोई आज्ञा इसमें प्राप्त नहीं की है, तो उसने आपके प्रति जघन्य अपराध किया है क्योंकि उसने अपने कर्तव्य, सौन्दर्य बुद्धि और वैभव को एक अमित व्ययी भटकते हुए वासनामत्त पुरुष के साथ बाँध दिया है, जो आज यहाँ है कल कहीं और है। आप मेरी बात की सच्चाई की जाँच करें। अगर वह अपने कमरे में हो या आपके सारे घर में कहीं हो तो राज्य के विधान के अनुसार आप मेरे इस धोखा देने के प्रयत्न के लिए मुझे कड़े से कड़ा दण्ड दें, मैं तैयार हूँ।

ब्रैबेन्शियो : बत्ती जलाओ! अरे कोई है! मुझे रोशनी दो! कहाँ हैं मेरे आदमी, उन्हें बुलाओ! क्या जो मैंने सपना देखा था वह दुर्घटना उसकी सच्चाई की ओर उँगली नहीं उठाती! अभी से मुझे भय होता है कि यह सत्य ही है। अरे रोशनी दो, मुझे बत्ती दो![1]

(प्रस्थान)

इआगो : अब मुझे विदा दो! मुझे जाना है। मूर की सेवा में रहते हुए मेरे लिए यह उचित नहीं है कि इस प्रकार आम तरीके से मैं उसके विरुद्ध खड़ा हुआ पाया जाऊँ। मैं जानता हूँ कि इस हरकत के लिए राज्य उसे कितनी भी कड़ी फटकार क्यों न दे, लेकिन राज्य का भी इतना साहस न होगा कि उसे नौकरी से निकाल दे, क्योंकि इस समय उसके बिना राज्य का काम नहीं चल सकता। साइप्रस-युद्ध शीघ्र ही आरम्भ होने वाला है, और वही इस युद्ध का संचालन करने की क्षमता रखता है। उसकी जगह ले सके ऐसा कोई धीर-वीर दिखाई नहीं देता; इसलिए मैं उससे कितनी भी घृणा क्यों न करूँ, चाहे उसके पास रहने को नरक-यातना के बराबर ही क्यों न मानूँ, लेकिन वर्तमान की विवशता के कारण बाहरी तौर पर मुझे स्वामिभक्ति और प्रेम दिखाते रहना आवश्यक है। पक्के तौर से पकड़वाने के लिए तुम इन्हें सराय[2] की ओर ले चलो, मैं तुम्हें वहाँ, उसके साथ ही मिल जाऊँगा। अच्छा, मैं चलता हूँ।

---

1. बत्ती—मशाल
2. सैगिटरी का अर्थ यहाँ सराय लिया गया है; वैसे जी. बी. हैरिसन का मत है कि इस नाम की कोई इमारत कभी भी वेनिस में रही हो, इसका प्रमाण नहीं मिलता।

(प्रस्थान; रात का चोगा पहने ब्रैबेन्शियो मशालें उठाए हुए
नौकरों के साथ प्रवेश करता है।)

ब्रैबेन्शियो : कितनी जघन्य बात सत्य हो गई। वह चली गई है। मेरे जीवन से अब आनन्द की घड़ियाँ ही चली गईं समझो। मेरे लिए कटुता के अतिरिक्त अब बचा ही क्या है? बताओ रोडरिगो! तुमने उसे कहाँ देखा! अरी अभागिन! मूर के साथ यही न कहा था तुमने! हाय, अब भी क्या कोई पिता होने की इच्छा करेगा? तुम्हें कैसे पता चला कि वह डैसडेमोना ही थी। मुझे वह ऐसा धोखा दे गई? तुमसे उसने कुछ कहा था क्या? और रोशनियाँ ले लो, मेरे सम्बन्धियों को जगा लो! क्या समझते हो, उन दोनों ने शादी कर ली होगी?

रोडरिगो : मुझे तो यही लगता है।

ब्रैबेन्शियो : हे भगवान! वह घर से भाग कैसे निकली? मेरा रक्त ही मुझे धोखा दे गया? अरे पिताओ! आज से कभी बाहरी बातों को देखकर ही अपनी पुत्रियों पर विश्वास मत कर बैठना। रोडरिगो! ऐसे भी तो कुछ जादू-टोने होते हैं न, जिनसे क्वाँरी लड़कियों की मति फेर दी जाती है, क्या तुमने ऐसी बातों के बारे में नहीं पढ़ा?

रोडरिगो : हाँ श्रीमान, पढ़ा है।

ब्रैबेन्शियो : अरे, मेरे भाई को जगा दो! रोडरिगो! अच्छा होता कि तुम ही उससे विवाह कर लेते! अरे, कुछ इधर जाओ, कुछ उधर ढूँढो। *(नौकरों से कहकर फिर रोडरिगो से)* तुम्हें भी कुछ पता है कि वह कहाँ होगी? कहाँ होगा वह मूर!

रोडरिगो : शायद मैं बता सकूँ, लेकिन और रक्षक अपने साथ कर लीजिए और मेरे साथ चलिए।

ब्रैबेन्शियो : कृपया तुम्हीं बताओ! मैं हर घर को बुलाऊँगा। शायद ही मेरे बुलाए से किसी घर से लोग मेरे साथ चलने को न निकलें। अरे शस्त्र बाँध लो! और हथियार ले लो! रात के लिए कुछ विशेष अफसरों को भी तत्पर करो! चलो मेरे अच्छे रोडरिगो! तुम जो कष्ट मेरे लिए उठा रहे हो, तुम देखना! मैं कभी तुम्हें उसका बदला चुकाए बिना यों ही नहीं छोड़ दूंगा।

(प्रस्थान)

दृश्य 2

(वेनिस की दूसरी गली)

(ऑथेलो; इआगो का मशालें लिए हुए अनुचरों के साथ प्रवेश)

इआगो : यद्यपि युद्ध-व्यापार में मैंने हत्याएँ की हैं, लेकिन इसे मैं अपनी चेतना का

सार-तत्त्व मानता हूँ कि कभी ठण्डे दिल से खून न किया जाए। कभी-कभी मुझे अपने भीतर उस नीचता का अभाव-सा मालूम देता है, जो मेरे लिए सांसारिक रूप से बड़ी लाभदायक होती। दस-बीस बार तो मेरी इच्छा प्रबल तक हो उठी कि उसकी पसलियों में गहरा वार कर दूँ।

ऑथेलो : अच्छा यही है कि तुम अपने को रोको और जैसा है वैसा ही चलने दो।

इआगो : लेकिन मैं भी तो देवता नहीं हूँ कि वे आपके विरुद्ध इतनी गन्दी बातें करते रहें, गालियों पर उतर आएँ, नीच से नीच शब्दों का प्रयोग करें और श्रीमान! मुझे क्रोध ही न आए? आखिर कब तक मेरा क्रोध भड़क न उठे! मुझे तो अपने को रोकना भी बड़ा कठिन हो गया। किन्तु मुझे बताएँ श्रीमान्! क्या आपकी कानूनन शादी हो गई? यह निश्चित जानिए कि श्रीमती के पिता बड़े प्रभावशाली और प्रभुत्व वाले व्यक्ति हैं, उनका बड़ा सम्मान है और ड्यूक की आज्ञा[1] से उनकी आज्ञा में दुगुना बल है। अगर कानून में ज़रा भी कसर रह गई तो वे आपके विवाह को रद्द करा देंगे और जितनी भी उनमें ताकत होगी लगा देंगे कि आप पर गहरी से गहरी मुसीबत बरपा सकें।

ऑथेलो : उन्हें अपनी यथाशक्ति बुराई करने दो। मैंने जो राज्य की सेवाएँ की हैं, वे ही उनके दोषारोपण को असत्य सिद्ध कर देंगी। यह तो लोग जानते ही नहीं, और अगर मुझे विश्वास हो जाएगा कि इसपर भी गर्व किया जा सकता है तब मैं घोषणा कर दूँगा कि मेरी धमनियों में भी साधारण रक्त नहीं, कुलीन राजवंशीय रक्त बहता है। मेरे गुण ही मेरे लिए इस अवस्था के भी साक्षी बनेंगे जो कि आज मैंने प्राप्त की है। इआगो, यह सत्य है कि मैं सुन्दरी डैसडेमोना से प्रेम करता हूँ। यदि मैं उसे सचमुच प्यार न करता होता तो क्या एक स्त्री के लिए मैं अपनी स्वतन्त्रता खो देता, सारे समुद्र की अपार सम्पत्ति भी क्या उसकी बराबरी कर सकती है?

(कैसियो तथा अन्य अफसरों का मशालें लिए हुए प्रवेश)

वह देखो! वे मशालें इधर कैसे बढ़ी आ रही हैं?

इआगो : वे शायद श्रीमती के पिता और सम्बन्धी हैं, जो जाग उठे हैं। आप, बेहतर हो भीतर चले जाएँ।

ऑथेलो : कभी नहीं। मैं यहीं बाहर रहूँगा। मैं अपनी स्थिति, सरल-हृदय और सहज स्वभाव के अनुरूप ही उनसे मिलूँगा। क्या ये वही हैं?

इआगो : जेनस[2] की सौगन्ध, यह तो वे लोग नहीं।

---

1. वोट की शक्ति।

2. जेनस : एक रोमन देवता—जिसके दो सिर थे। जनवरी महीने का नाम इसी जेनस के नाम पर पड़ा है, क्योंकि वह महीना गत वर्ष और नए वर्ष दोनों को देखता है।

ऑथेलो : यह तो ड्यूक के सेवक और मेरा लेफ्टिनेण्ट कैसियो है। दोस्तो, नमस्ते[1]! क्या संवाद है?

कैसियो : जनरल! ड्यूक ने आपकी शुभकामना की है और वे चाहते हैं कि आप तुरन्त उनके सम्मुख उपस्थित हों।

ऑथेलो : क्यों? बात क्या है?

कैसियो : जहाँ तक मेरा ख्याल है, साइप्रस के बारे में कोई बात है। है विषय महत्त्वपूर्ण ही, क्योंकि जहाज़ों से एक के बाद एक करके बारह दूत आ चुके हैं और नींद में से जगा-जगाकर सिनेट के कई सदस्य ड्यूक के निवास-स्थान पर एकत्र भी कर लिए गए हैं। आपकी उपस्थिति की अत्यन्त आवश्यकता है। जब आप अपने निवास-स्थान पर नहीं मिले तब सिनेट ने तीन दल बनाकर लोगों को आपको भिन्न-भिन्न स्थानों में खोजने को रवाना किया है।

ऑथेलो : अच्छा हुआ तुम मुझे मिल गए। मैं ज़रा घर में एक बात कहकर अभी तुम्हारे साथ चलता हूँ। **(प्रस्थान)**

कैसियो : ऐन्शेण्ट[2]! जनरल यहाँ क्या कर रहे हैं?

इआगो : मानो न मानो, आज जनरल ने बड़ी दौलत से भरा जहाज़ जीता है; समुद्र का नहीं, धरती का। यदि यह इनाम कानूनी मान लिया गया तो समझ लो कि हमेशा के लिए ख़ज़ाना हाथ आ गया।

कैसियो : मैं समझा नहीं।

इआगो : जनरल ने विवाह कर लिया है।

कैसियो : किससे?

इआगो : शादी की है।

(ऑथेलो का पुनरागमन; इआगो सहसा वह वाक्य छोड़कर...)

चलो कैप्टन! तुम चलने को तैयार हो?

ऑथेलो : हाँ, मैं संग चल सकता हूँ।

कैसियो : शायद सैनिकों का दूसरा दल आपको खोजता हुआ आ पहुँचा है।

(ब्रैबेन्शियो, रोडरिगो अन्य अफसरों के साथ मशालें लिए आते हैं।)

इआगो : यह तो ब्रैबेन्शियो है। जनरल! सावधान रहें! इसका उद्देश्य अच्छा नहीं है।

ऑथेलो : ठहरो! रुक जाओ!

रोडरिगो : श्रीमान, यह मूर ही है।

---

1. गुडनाइट अंग्रेज़ी में किसी भी स्थिति का व्यक्ति अपने से नीचे वाले से कहता है। हिन्दी में नमस्ते ही इस प्रकार का पर्याय है, यद्यपि नमस्ते के अपने बन्धन हैं। आगे से हम भी गुडमार्निंग, गुडनाइट आदि शब्दों का प्रयोग करेंगे, क्योंकि वे भी प्रायः प्रचलित हैं।

2. पद का नाम। लेफ्टिनेण्ट से नीचे इआगो का पद है—शब्दार्थ है पुरातन।

ब्रैबेन्शियो : उस चोर का सर्वनाश हो!

(दोनों ओर से तलवारें खिंचती हैं।)

इआगो : इधर बढ़िए, श्रीमान रोडरिगो! आपसे मेरे दो-दो हाथ हो जाएँ, मैं आपके लिए तैयार हूँ।

ऑथेलो : अपनी चमचमाती तलवारों को म्यान में रख लीजिए, कहीं ओस के कारण उनमें ज़ंग न लग जाए। सम्मानित श्रीमान! आपके शस्त्रों से कहीं अधिक सम्मान पाने की अधिकारिणी आपकी आयु है!

ब्रैबेन्शियो : ओ धूर्त चोर! कहाँ छिपा दी है तूने मेरी पुत्री? ओ अभिशप्त! अवश्य तूने उसपर जादू कर दिया है! यदि कोई इन्द्रजाल न डाला गया होता तो कल्पना के किसी छोर को पकड़कर भी यह विचार नहीं आता कि डैसडेमोना जैसी सुन्दरी विदुषी और प्रसन्नचित्त लड़की, कभी ऐसा काम कर गुज़रेगी! जिसने अपनी जाति के अनेक घने घुँघराले केशोंवाले धनी और सम्पन्न तरुणों से विवाह करना अस्वीकार कर दिया, वह क्या कभी जगहंसाई कराने को, अपने अभिभावकों का संरक्षण छोड़कर तुझ जैसे काले भुजंग की भुजाओं में गिरने को आ जाती? तुझे देखकर उसे आनन्द तो दूर, उल्टे भय ही होता। सारा संसार देखे, क्या यह प्रकट बात असम्भव हो सकती है कि तूने ही अपने कुटिल जादू से उसकी चेतना का हरण कर लिया है? तूने जड़ी-बूटियों और धातुओं के धूर्त प्रयोग से उस कुमारी की बुद्धि नष्ट करके उसे पराजित कर दिया है। मैं इस मामले को न्याय के सामने ले जाऊँगा। तू जादू और तन्त्र-मन्त्र करने का अपराधी है। मैं तुझपर निषिद्ध क्रियाओं और जघन्य कार्यों में रत रहने का अभियोग लगाता हूँ, जो धर्म-विरुद्ध हैं और समाज के लिए हानिकारक हैं। इसको गिरफ्तार कर लो और यदि यह विरोध करता है तो उससे स्वयं ही हानि उठाएगा, उसका उत्तरदायित्व हमपर नहीं होगा। पकड़ लो इसे!

ऑथेलो : हाथ मत उठाओ, न मेरे रक्षक लड़ें, न मुझपर आक्रमण करने वाले। यदि युद्ध ही करना होता तो बिना किसी के भड़काने से भी मैं युद्ध कर सकता था। आप मुझे अपने इस अभियोग का उत्तर देने के लिए कहाँ ले जाना चाहते हैं?

ब्रैबेन्शियो : जब तक कचहरी नहीं लगती, तब तक के लिए हम तुझे बन्दीगृह में डाल देना चाहते हैं?

ऑथेलो : मान लो मैं बन्दी भी हो गया, लेकिन उससे ड्यूक को सन्तोष कैसे होगा कि जिनके भेजे हुए आदमी इस समय भी मुझे घेरे खड़े हैं, ताकि वे राज्य के एक बहुत ही महत्त्वपूर्ण कार्य के लिए मुझे अपने साथ ले जा सकें।

अफसर : परम आदरणीय श्रीमन्त! यह नितान्त सत्य है। ड्यूक अपनी काउन्सिल (*परिषद*) के साथ हैं और उन्होंने जनरल को तुरन्त ही बुलाया है।

ब्रैबेन्शियो : क्या कहा? ड्यूक परिषद के साथ! रात के इस समय विचारों में डूबे हुए

हैं? बहुत अच्छा! चलो! इसे वहीं ले चलो! मैं अभी अपने मामले को वहीं तय कराऊँगा। मेरा मसला कोई मामूली और बेकार मसला नहीं है। ड्यूक और सिनेट के सदस्य मेरे प्रति की गई बुराई को अपने साथ ही हुई बुराई की तरह ही समझेंगे। अगर ऐसी हरकतों के लिए सज़ाएँ नहीं दी गईं तो विधर्मी और गुलाम हमारे राजनीतिज्ञ और शासक ही तो बन बैठेंगे?

(प्रस्थान)

दृश्य 3

(परिषद-भवन)

(ड्यूक और सिनेट के सदस्य एक मेज़ के चारों ओर बैठे हैं।
मेज़ पर बत्तियाँ हैं, पास में सेवक हैं।)

ड्यूक : इन संवादों में कोई गुरुत्व नहीं है कि इन्हें कोई महत्त्व दिया जाए!

सिनेट का एक सदस्य : ठीक कहते हैं। ये तो एक-दूसरे से मेल भी नहीं खाते। इन पत्रों में जो खबरें मुझे मिली हैं, उनके हिसाब से शत्रु की शक्ति एक सौ सात जहाज़ों की है।

ड्यूक : और जो सूचना मुझे मिली है उसके अनुसार शत्रु के पास 140 जहाज़ हैं।

सिनेट का दूसरा सदस्य : और मेरे पास 200 जहाज़ों की खबर है। हालाँकि विगत बार से देखने पर ये खबरें एक-दूसरी से पूरी तरह नहीं मिलतीं, लेकिन ऐसा भेद होना आश्चर्य का विषय नहीं है। आखिर तो ये सारी खबरें अंदाज़ नहीं हैं। फिर भी एक बात सच है और वह यह कि साइप्रस की तरफ तुर्की जहाज़ी बेड़ा बढ़ता आ रहा है।

ड्यूक : हाँ, ध्यान से देखने पर यह बिल्कुल संभाव्य ही प्रतीत होता है। संख्या की गलती हो सकती है, लेकिन संवादों की मुख्य बात, मुझे डर है, कहीं सच ही न निकल आए!

जहाज़ी[1] (*भीतर से*) : क्या हुआ? क्या हुआ? अरे क्या है!

(जहाज़ी का प्रवेश)

अफसर : यह लीजिए! जहाज़ों से एक दूत आया है।

ड्यूक : क्या बात है?

जहाज़ी : तुर्की बेड़ा रोहड्स की ओर बढ़ रहा है, इसलिए श्रीमान्! एंजिलो ने मुझे राज्य के अधिकारियों को सूचना देने की आज्ञा दी है।

---

1. सेलर—खलासी या माँझी।

ड्यूक : साइप्रस की जगह रोहड्स! यहाँ तो गंतव्य ही बदल गया। इसके विषय में आप लोगों की क्या राय है?

सिनेट का एक सदस्य : यह संवाद सत्य नहीं हो सकता। जो हो, इसके औचित्य पर विचार कर लिया जाए। यह तो केवल एक छलावा दिखाई देता है ताकि हम भ्रम में पड़ जाएं। और जबकि हमें साइप्रस की रक्षा का प्रबन्ध करना चाहिए, हम रोहड्स की ओर ध्यान बँटा बैठें। तुर्कों के लिए साइप्रस का महत्त्व देखते हुए और यह भी उनके लिए रोहड्स की तुलना में साइप्रस को जीतना आसान होगा, क्योंकि उसमें न वैसे कोई प्राकृतिक लाभ ही हैं, न उसकी भाँति कोई रक्षा का ही अच्छा प्रबन्ध है, हमें इन सब बातों पर ध्यान देना चाहिए और यह नहीं समझना चाहिए कि तुर्क बेवकूफ हैं, उनमें योग्यता नहीं है जो वे उसे अन्त के लिए त्याग देंगे जो कि वास्तव में अपना पहला महत्त्व रखता है। न यही मानना चाहिए कि एक आसान और लाभदायक योजना को छोड़कर वे ऐसे कार्य पर उतारू होंगे जिसमें खतरा तो है ही, साथ ही जिसमें हानि की भी सम्भावना है।

ड्यूक : नहीं, किसी भी हालत में तुर्क रोहड्स की ओर उन्मुख नहीं लगते।

(एक दूत का प्रवेश)

दूत : सम्मानित और आदरणीय सज्जनो! श्रीमन्तो! रोहड्स की ओर बढ़ते हुए तुर्कों से एक जहाज़ी बेड़ा और मिल गया है।

सिनेट का एक सदस्य : अच्छा! यही तो मैं भी सोचता था। संख्या में कितने जहाज़ होंगे?

दूत : तीस जहाज़ हैं। अब उन्होंने अपना छलावा छोड़ दिया है और रास्ता बदलकर वे स्पष्टतया ही साइप्रस की ओर बढ़ रहे हैं। आपके वीर और विश्वसनीय पदाधिकारी श्रीमान मोनटानो ने यह संवाद अत्यन्त विनम्रता के साथ भेजा है और उसकी प्रार्थना है कि इस पर पूर्णतया विश्वास किया जाए।

ड्यूक : तब तो यह निश्चय हो गया कि शत्रु साइप्रस की ओर आ रहा है। क्या मार्क्स लुक्किकोस नगर में उपस्थित नहीं हैं?

सिनेट का एक सदस्य : वे इस समय फ्लोरेन्स में हैं।

ड्यूक : कृपया हमारी ओर से उन्हें पत्र लिखें और शीघ्रातिशीघ्र डाक लगाकर हमारा संवाद भेजें।

सिनेट का एक सदस्य : यह लीजिए! ब्रैबेन्शियो और महावीर मूर आ रहे हैं।

(ब्रैबेन्शियो, ऑथेलो, कैसियो, इआगो, रोडरिगो और
अफसरों का प्रवेश)

ड्यूक : महावीर ऑथेलो, राज्य के आम दुश्मन तुर्कों के खिलाफ हमें तुम्हारी सेवाएँ

फौरन हासिल करनी चाहिए। मैं आपको देख नहीं पाया, स्वागत श्रीमान ब्रैबेन्शियो! आज रात आपकी अमूल्य राय से हम अभी तक वंचित थे, अब आप भी सहायता करें।

ब्रैबेन्शियो : वही तो मैं आपसे चाहता हूँ। श्रीमानों के श्रीमन्त, मुझे क्षमा करें! न तो मेरी स्थिति ने ही, न राज्य-कार्य में से किसी बात ने आज की रात मुझे नींद से जगाया है। राज्य के इस आम खतरे ने भी मुझमें दिलचस्पी पैदा नहीं की है। क्योंकि मेरा अपना दुःख ऐसी भीषण बाढ़ की तरह है जो सारे दुःखों को निगलने की सामर्थ्य रखता है, किन्तु स्वयं अभी तक वैसा ही प्रचण्ड है।

ड्यूक : क्यों? क्या हुआ?

ब्रैबेन्शियो : मेरी पुत्री ! आह मेरी पुत्री!

सिनेट के सदस्य : क्या वह नहीं रही? (मर गई)

ब्रैबेन्शियो : हाँ, मेरे लिए वह मर चुकी है। उसे धोखा दिया गया है। मुझसे चुरा लिया गया है, नीमहकीमों से खरीदी गई जड़ी-बूटियों और जादू से उसकी बुद्धि हर ली गई है। क्योंकि कोई साधारण बुद्धिवाला भी, जिसकी बुद्धि अपाहिज, अंधी और अभावग्रस्त नहीं है, बिना जादू के जाल में फँसे ऐसी भयंकर भूल नहीं कर सकता।

ड्यूक : कौन है वह आदमी जिसने गैरकानूनी तरीके से तुम्हारी पुत्री को विवेक से और तुमको तुम्हारी पुत्री से अलग किया है? कानून के कठोर हाथ को तो आप स्वयं समझकर लागू करने का अधिकार रखते हैं, भले ही दण्ड पाने वाला व्यक्ति मेरा पुत्र ही क्यों न हो?

ब्रैबेन्शियो : आह! श्रीमन्त ड्यूक का मैं सादर अभिवादन करता हूँ। यह है वह आदमी, यही है वह मूर, जिसे आपने विशेष आज्ञा देकर राज्यकार्य के सम्बन्ध में यहाँ बुलाया है।

सब : हमें इसके लिए खेद है।

ड्यूक : (*ऑथेलो से*) तुम्हें इस बारे में क्या कहना है?

ब्रैबेन्शियो : कुछ नहीं, सिवाय इसके कि जो मैंने कहा है उसे स्वीकार कर लें।

ऑथेलो : सम्भ्रान्त, शक्तिशाली और विलक्षण श्रीमन्तो! आप मेरे कुलीन, विश्वसनीय और अच्छे स्वामी हैं। यह बिल्कुल सत्य है कि मैंने इन वृद्ध महोदय की पुत्री को अपने पास रख लिया है। हाँ, मैंने उससे विवाह किया है, यह भी सत्य है। यही मेरा एकमात्र अपराध है। मेरी वाणी कठोर है, मैं मुखर हूँ और प्रेम से मीठे बोल बोलना मुझे नहीं आता, क्योंकि सात वर्ष की आयु से केवल नौ मास पहले तक मेरी भुजाओं ने अपना सबसे अच्छा समय शिविरों से ढँकी हुई युद्धभूमियों में बिताया है। इस विशाल संसार के बारे में, युद्ध और युद्ध की लोमहर्षक घटनाओं के अतिरिक्त सम्भवतः मैं कुछ भी जानकारी नहीं रखता, जिसपर बात कर सकूँ। अपनी रक्षा करने के प्रयत्न में मुझे अधिक सफलता की आशा नहीं है। किन्तु आपने मुझे दया

करके आज्ञा दी है तो मैं बिल्कुल स्पष्टतया बिना नमक-मिर्च लगाए अपनी सारी प्रेम-कथा सुनाऊँगा, ताकि आप स्वयं जान सकें कि किस जादू, किस जड़ी-बूटी के प्रभाव से, किस कौशल से, मैंने इनकी पुत्री का प्रेम प्राप्त किया है; क्योंकि मुझपर यही तो अभियोग लगाया गया है।

ब्रैबेन्शियो : वह एक लजीली कुमारी है, उसका चित्त शान्त है, कभी उसमें कृत्रिमता नहीं झलकती, लाज स्वयं उस पर लजाती है। क्या यह विश्वास किया जा सकता है कि वह अपनी प्रकृति के विरुद्ध, अपने देश, अपनी आयु, अपनी जाति की परम्परा, लोकमर्यादा का भय, सब कुछ की उपेक्षा करके ऐसे व्यक्ति से प्रेम करेगी, जिसकी सूरत देखकर उसके हृदय में भय उत्पन्न होने की सम्भावना अधिक प्रतीत होती है। डैसडेमोना जैसी पूर्णतया अपना स्वभाव भूलकर प्रकृति के विरुद्ध भी ऐसा कर सकती है—ऐसा निर्णय देनेवाला न्याय स्वयं अपूर्ण ही कहलाएगा। ऐसी अस्वाभाविक बात क्यों हुई, यह जानने के लिए अवश्य इसे स्वीकार करना पड़ेगा कि इस विषय में कोई न कोई जघन्य नारकीय तरीका अवश्य अपनाया गया होगा, वरना ऐसा हो कैसे सकता था? इसलिए मैं आपके सामने फिर सशक्त शब्दों में दुहराता हूँ कि अवश्य उसपर किसी जादू की वस्तु का प्रयोग किया गया है और उसके रक्त पर गहरा प्रभाव पड़ा है; अवश्य ही कोई जड़ी-बूटी है जिसे तान्त्रिक ढंग से सिद्ध किया होगा।

ड्यूक : लेकिन विश्वासपूर्वक दुहरा देना तो प्रमाण नहीं बन जाता। जब तक और ठोस और गहरे प्रमाण की सम्भावनाओं और योजनाओं के विषय प्रस्तुत नहीं किए जाते, मैं कैसे इनसे आश्वस्त हो सकता हूँ?

सिनेट का एक सदस्य : कहो ऑथेलो! बताओ, क्या तुमने इस कुमारी को किसी कुटिल और अनुचित रीति से अपने वश में किया है या जैसा कि दो व्यक्तियों में प्रेम-सम्भाषणों में प्रार्थनाएँ होती हैं, मीठी-मीठी बातें होती हैं, उनमें उसे प्रभावित कर लिया है?

ऑथेलो : मैं प्रार्थना करता हूँ कि सैगिटरी से डैसडेमोना को यहाँ बुलवा लिया जाए और अपने पिता की उपस्थिति में वही मेरे विषय में बताए। यदि अपनी बात में वह कहे कि मैंने किसी अनुचित रीति को अपनाया है तो न केवल यह विश्वास, यह पद जो आपने मुझे दिए हैं, मुझसे ले लिए जाएँ वरन् आपका भीषण दण्ड मुझे जीवन से ही वंचित कर दे।

ड्यूक : डैसडेमोना को यहाँ बुलवाया जाए।

(दो या तीन व्यक्तियों का प्रस्थान)

ऑथेलो : ऐन्शेण्ट (*इआगो*) तुम उन्हें रास्ता बताओ, क्योंकि तुम इस स्थान से अधिक परिचित हो...

(इआगो और सेवकों का प्रस्थान)

और जब तक वह आती है, जिस ईमानदारी से मैं परमात्मा के सामने अपने अपराधों को स्वीकार करता हूँ, उसी भाँति आपके गम्भीर विचारार्थ बताऊँगा कि मैंने किन उपायों से उस सुन्दरी के प्रेम को प्राप्त किया, किस प्रकार वह मेरी बनी!

ड्यूक : ठीक है ऑथेलो! बता सकते हो।

ऑथेलो : उसके पिता मुझसे स्नेह करते थे और बहुधा अपने यहाँ निमन्त्रित करते थे। किस प्रकार मेरा पवित्र जीवन व्यतीत हुआ, यह बार-बार पूछा करते थे। वे विभिन्न युद्ध, घेरे और दुस्साहस के वर्णन सुनते थे; वे सब जो मैंने जीवन में स्वयं देखे थे। मैं अपने लड़कपन से अब तक की कहानियाँ उन्हें सुनाया करता था। और इसी में कभी मैं उन भयानक खतरों की बात सुनाता जिनमें से मैं बाल-बाल बचा था। कभी भूमि और समुद्र के वक्ष पर किए गए दुस्साहसों को सुनाता। बिकराल घेरों में से जीवन-रक्षा के लोमहर्षक वर्णन सुनाता कि कब मैं बन्दी बना, किस प्रकार वहाँ से छूटा और इन यात्राओं में मुझ पर क्या कुछ गुज़रा। मुझे तो गुलाम बनाकर बेचा गया था। और इन्हीं यात्रा-विवरणों में बहुधा मुझे विशाल गुहाओं, रेगिस्तानों, अनगढ़ चट्टानों, खानों और गगनचुम्बी पर्वतों के वर्णन भी सुनाने पड़ते। वे नरभक्षी जो एक-दूसरे को खाते थे, और वे मनुष्य जिनके सिर उनके वक्षस्थल में उगते थे, कभी-कभी मेरा विषय बन जाते। डैसडेमोना को इन बातों में बड़ी रुचि थी; वह बड़े ध्यान से सुनती थी। और जब कभी घरेलू धन्धों के लिए बुला भी ली जाती थी तो जहाँ तक हो सकता जल्दी से जल्दी काम समाप्त करके आने की चेष्टा करती और मेरे जीवन की कथा को बड़े ध्यान से सुनती थी। अपने में उसकी इतनी दिलचस्पी देखकर एक बार मैंने ऐसा सुअवसर पाया जब वह मेरी जीवन-गाथा सुनने को तत्पर थी। उस समय उसने मुझसे प्रार्थना की कि मैं उसे अपनी पूरी जीवन-गाथा सुनाऊँ क्योंकि अभी तक वह जहाँ-तहाँ से ही सुन पाई थी, सो भी पूरा ध्यान देकर नहीं। मैंने स्वीकार कर लिया और तब अपने तारुण्य में झेली हुई कुछ दुःखद घटनाएँ सुनाईं। वह रोने लगी। जब मेरी कथा समाप्त हुई, उसके मुख से लम्बी आहें निकलीं, मानो वे ही मेरे लिए उपहार थीं। उसने अत्यन्त गद्गद् स्वर से स्वीकार किया कि मेरी कथा अत्यन्त रोचक, विचित्र ही नहीं, वरन्, अद्भुत रूप से करुण भी थी। उसने कहा, अच्छा होता वह उसे नहीं सुनती, और फिर भी वह यही चाहती थी कि ऐसा व्यक्ति ही परमात्मा की असीम कृपा से उसका पति हो। उसने मुझे हृदय से धन्यवाद दिया और आभार स्वीकार करके कहा कि यदि कोई मेरा मित्र ही उसे प्यार करता हो तो मैं मित्र को भी यह कहानियाँ सुना दूँ, और ये कथाएँ ही उसका प्रेम जीतने के लिए काफी थीं। इससे मुझे प्रकट रूप से इंगित मिल गया और मैंने उसके सामने प्रेम प्रकट कर दिया। स्पष्ट ही जो खतरे मैंने उठाए थे, उनके कारण वह मुझसे प्रेम करती थी और मैं इस भावना से पराभूत हो गया कि वह मुझपर

करुणा करती थी। यही है वह जादू, जिसका मैंने उसपर प्रयोग किया था। यह लीजिए, डैसडेमोना आ गई है; जो कुछ मैंने कहा है, वह भी उसका समर्थन करेगी।

(डिसडेमोना, इआगो और सेवकों का प्रवेश)

ड्यूक : ऐसी कथा तो निश्चित रूप से मेरी लड़की को भी मोहित कर लेती, श्रेष्ठ ब्रैबेन्शियो! अब तो जहाँ तक हो इस उलझे हुए मामले को सुलझाइए! खाली हाथों से न लड़कर इन्सान अपने टूटे हथियारों का ही प्रयोग करते हैं।

ब्रैबेन्शियो : मैं आपसे प्रार्थना करता हूँ कि उसकी बात भी सुन लें। यदि वह स्वीकार कर लेती है कि इस प्रेम को उकसाने में उसका आधा हाथ रहा है, और तब यदि मैं इस पुरुष को तनिक भी दोष दूँ, तो मेरा सर्वनाश हो जाए। आ मेरी सरल हृदये पुत्री! इस कुलीन सभा में, बता तो सही, ऐसा कौन है जिसकी आज्ञा का पालन करना तेरा कर्तव्य है?

डिसडेमोना : आदरणीय पिता! मेरा कर्तव्य विभाजित हो गया है। यह शिक्षा जो मुझे एकाग्रचित्त से आपके प्रति श्रद्धा करना सिखाती है और यह जीवन, इनके लिए मैं आपका आभार मानती हूँ। इसलिए आपकी पुत्री के रूप में आपकी आज्ञा का पालन मेरा कर्तव्य है। किन्तु इस ओर मेरे पति हैं, और अपने पिता की तुलना में मेरी माता ने आपके अर्थात् अपने पति के प्रति जो कर्तव्य निबाहा है, पिता पर पति को अन्यतम स्थान दिया है, वही अपने पति मूर के प्रति निबाहना मैं अपना कर्तव्य समझती हूँ क्योंकि वह उनका भाग है।

ब्रैबेन्शियो : भगवान तुम्हारा भला करें! आज से मेरे-तुम्हारे सम्बन्ध समाप्त! (*ड्यूक से*) आप अपने राज्यकार्य की ओर ध्यान दें! पिता होने से तो अच्छा होता कि मैं किसी को गोद ले लेता। सुनो ऑथेलो! डिसडेमोना को तुमसे अलग रखने की मैं प्राणपण से चेष्टा करता, किन्तु तुम उसे जीत चुके हो तो मैं भी अब अपने हृदय से कहता हूँ कि मैं उसे तुम्हें देता हूँ। पुत्री डिसडेमोना! तुम्हारा चरित्र देखकर मैं प्रसन्न हूँ कि मेरे और कोई सन्तान नहीं है, अन्यथा तुम्हारा यह आज्ञा भंग करना मुझे उनके प्रति कठोर और अत्याचारी बना देता। मैं उन्हें दारुण बन्धनों में जकड़ देता। हो चुका ड्यूक-श्रेष्ठ! हो चुका, मेरा व्यक्तिगत कार्य हो चुका।

ड्यूक : जो कुछ आपने स्वयं कहा, उसका समर्थन करते हुए मैं भी अपना निर्णय देना चाहता हूँ और इन प्रेमियों से आपका समझौता कराना चाहता हूँ। जिसका इलाज ही नहीं, उसे तो अच्छा हुआ-सा ही समझना चाहिए, क्योंकि तब हम उसका निकृष्टतम रूप देख लेते हैं और फिर किसी मिथ्या धारणा के अधीन नहीं रहते। जो दुर्भाग्य आ गया है, उसके लिए खेद करना तो वास्तव में व्यर्थ होगा। यदि बुराई ठीक नहीं हो पाती, तो उसके परिणाम में और भी अधिक दाह हृदय में बस जाता है। किन्तु दुर्भाग्य की मार सहते समय यदि हम धैर्य धारण कर लेते हैं और केवल

मुस्कराते भी रहते हैं तो अपने सुखों का अपहरण करनेवाले की उस शक्ति को हर लेते हैं जो हमें कुचल देती है। किन्तु जो उसके लिए बिसूरने बैठ जाता है, वह स्वयं अपने को लुटा देता है।

ब्रैबेन्शियो : जिस तर्क से आप मुझे सान्त्वना दे रहे हैं, उसे ही राज्यकार्य पर भी लागू कर दीजिए! मान लीजिए, तुर्क हमसे साइप्रस छीन लेते हैं तो हमें मुस्कराना चाहिए और तब शायद हमें इस हानि का भी अनुभव नहीं होगा। जिसपर स्वयं नहीं आ पड़ती वह तो पर-उपदेश में कुशल ही होता है। किन्तु जो स्वयं भोगी होता है उसे दुःख के साथ इन सिद्धान्त-वाक्यों को भी सहन करना पड़ता है क्योंकि दुःख के साथ निवारण के लिए धैर्य से भिक्षा माँगनी पड़ती है, जो स्वयं ही अत्यन्त दरिद्र होता है। यह वचन तभी तक ठीक है जब तक व्यथा अपनी नहीं होती, धैर्य पर बात करना और टीस का अनुभव न करना सहज है, किन्तु यह मर्म पर दुधारे की भाँति चलानेवाले शब्द मीठे भी होते हैं, कड़वे भी, यह तो अवसर की बात है। किन्तु शब्द अन्ततोगत्वा शब्द ही होते हैं, मैंने कभी नहीं सुना कि घायल हृदय पर कभी श्रवण-मार्ग से कोई प्रभाव पड़ा हो। मैं आपसे सविनय यही प्रार्थना करता हूँ कि आप अपने राज्यकार्य में लगें और अपने कार्य को आगे चलाएं!

ड्यूक : तुर्क पूर्ण सैन्य-सज्जा और तत्परता से साइप्रस की ओर बढ़ रहे है। ऑथेलो! तुम परिस्थिति के पूर्ण ज्ञाता हो। यद्यपि हमारे पास ऐसा व्यक्ति है जो इस कर्तव्य का पूर्णतया निर्वाह कर सकता है, किन्तु फिर भी जनमत जो कि बहुत बड़ा महत्त्व रखता है, तुम्हारी ही ओर अधिक बोल रहा है और तुम्हें ही अधिक विश्वसनीय और योग्य मानता है। इसलिए आवश्यक है कि अपने आनन्द की इस वेला में तुम अपने को नियन्त्रित करो और इस कठोर और घोर यात्रा के लिए तत्पर हो जाओ!

ऑथेलो : आदरणीय सिनेट के सदस्यगण सुनें! मैं युद्ध-जीवन का इतना अधिक आदी हो गया हूँ कि संग्राम-भूमि का कठोर और दारुण विस्तार मेरे लिए फूलों की शय्या के समान हो गया है। यह स्वीकार करना मेरे लिए सहज है कि मैं दुःख और कठोरता के पथ पर तुरन्त पाँव रख देता हूँ। इसलिए मैं तुर्कों से युद्ध करने को तत्पर हूँ, मैं इस तुमुल संग्राम का नेतृत्व करने को उद्यत हूँ, किन्तु चाहता हूँ कि मेरी पत्नी के लिए उचित प्रबन्ध कर दिया जाए, और उसकी स्थिति और पद के अनुकूल स्थान, धन तथा अन्य वस्तुओं का प्रबन्ध हो जाए!

ड्यूक : क्यों? वह अपने पिता के पास रह सकती है।

ब्रैबेन्शियो : नहीं, मैं उसे नहीं रखूँगा।

ऑथेलो : न मैं ही!

डैसडेमोना : न मैं ही वहाँ रहूँगी कि उनकी आँख के सामने बनी रहकर काँटे-सी गड़ा करूँ। परम दयालु ड्यूक! मेरी दयनीय प्रार्थना पर ध्यान दीजिए! मैं तो सीधी-सादी

और अचतुर हूँ। आपकी वाणी मेरी सहायता करने का आश्वासन दे!

ड्यूक : क्या चाहती हो तुम, डैसडेमोना?

डैसडेमोना : मूर के साथ जीवन व्यतीत करने के लिए ही तो मैंने उनसे प्रेम किया है। जो विद्रोह मैंने किया है और जिस प्रकार मैंने आपत्तियों का सामना किया है, मैं संसार में घोषणा कर सकती हूँ कि उन पर पूर्णतया आसक्त हूँ और उनकी वीरता तथा ओज गुण ने ही मुझे इतना प्रभावित किया है। वे युद्ध में चले जाएँ और मैं घर पर छूट जाऊँ, तो जिसलिए मैंने उनसे प्रेम किया, वह मूल कारण ही झुठा दिया जाएगा। उनकी अनुपस्थिति मुझे अत्यन्त उदास और विरक्त बना देगी। कृपया मुझे उनके साथ जाने की आज्ञा दें!

ऑथेलो : स्वामी! डैसडेमोना की प्रार्थना को निष्फल न करें! ईश्वर साक्षी है कि मैं यह दया इसलिए नहीं चाहता कि वासना मेरे मुख में बोल रही है। यौवन के वे प्रारम्भिक उन्माद अब मेरे लिए आकर्षक नहीं रहे हैं क्योंकि मैं उफान की सीमा से आगे आ गया हूँ। केवल मेरी पत्नी को इसका आनन्द प्राप्त होगा, इसलिए मैं आपसे करुणा और दया की भिक्षा चाहता हूँ। ईश्वर न करे, आप निश्चिंत ही रहें, उसके साथ होने के कारण आप मुझे राज्यकार्य के प्रति उदासीनता दिखाते हुए नहीं पाएँगे। यदि कभी चंचल कामदेव की चपलता मेरी दृष्टि से कर्तव्यपथ को धुँधला भी कर दे, और मैं लोल वासनाओं के आवर्त में पड़ जाऊँ, और मेरी शुद्ध चेतना, मेरी बुद्धि मलिन पड़ जाए तो मेरा शिरस्त्राण कुलवधुओं के हाथ में रह जाए और लोक में विद्यमान समस्त विपदाएँ और अपमान मेरे यश पर आक्रमण करके मेरा सर्वनाश कर दें।

ड्यूक : तब तुम उसे ले जाओ या छोड़ जाओ, तुम्हारा व्यक्तिगत विषय ही रहे। कार्य बहुत गम्भीर है और तुरन्त कर्तव्य चाहता है, उसपर अपना सारा ध्यान केन्द्रित कर दो! कार्य पुकारता है, गति और वेग से उत्तर देना होगा।

सिनेट का सदस्य : आप आज रात ही को प्रयाण करें!

ऑथेलो : जैसी आज्ञा हो! अवश्य!

ड्यूक : हम कल प्रातःकाल नौ बजे फिर मिलेंगे। ऑथेलो, अपना कोई आदमी हमारे पास छोड़ जाओ, वह हमारी लिखित आज्ञा तथा तुम्हारे सम्मानित पद के अनुरूप अन्य आवश्यक वस्तुएँ ले जाएगा।

ऑथेलो : जैसी आज्ञा महाराज! मेरा ऐन्शेण्ट बड़ा ईमानदार आदमी है, और बड़ा ठोस भी है। मैं अपनी पत्नी को उसके संरक्षण में छोड़ूँगा। मेरे जाने के बाद जो भी आवश्यक वस्तुएँ आप भेजना चाहें उन्हें साथ लेकर वह मेरी पत्नी को साइप्रस पहुँचा देगा।

ड्यूक : यही सही! गुडनाइट! सबको गुडनाइट (*ब्रैबेन्शियो से*) और आदरणीय श्रीमान! यदि अच्छाई एक ऐसी वस्तु है जिसमें लोक का समस्त सौन्दर्य निहित होता है,

तब आपका दामाद भी सुन्दर है। उसका कालापन अखरता नहीं, क्योंकि यह सबको प्रसन्न करता है।

सिनेट का सदस्य : विदा! वीर मूर! डैसडेमोना को कोई कष्ट न देना।

ब्रैबेन्शियो : मूर! यदि तुम्हारे आँखें हैं तो उसे अवश्य देखना, उसने अपने पिता को धोखा दिया है, कौन जाने वह तुम्हें धोखा न देगी?

(ड्यूक, सिनेट का सदस्य, अफसर इत्यादि का प्रस्थान)

ऑथेलो : उसके प्रेम पर मेरा जीवन न्यौछावर है। मेरे अच्छे इआगो! मैं अपनी डैसडेमोना को तुम्हारे पास छोड़ना चाहता हूँ; मैं चाहता हूँ कि तुम्हारी पत्नी इसकी देखभाल करे। ज्यों ही अवसर मिले, तुम दोनों को लेकर मेरे पास आ जाना। चलो डैसडेमोना! केवल एक घण्टे का ही समय मेरे पास है, मुझे उसी में तुमसे अपने हृदय की बातें भी कहनी हैं और यात्रा का प्रबंध करते हुए सांसारिक विषयों पर बातें करनी हैं। समय कम है, आओ इसका अधिक से अधिक उपयोग करें!

(ऑथेलो और डैसडेमोना का प्रस्थान)

रोडरिगो : इआगो!

इआगो : ओ महान हृदयवाले मित्र! कहो, क्या हुआ?

रोडरिगो : तुम ही बताओ; अब मैं क्या करूँ?

इआगो : जाओ, और आराम से सोओ!

रोडरिगो : इच्छा तो होती है कि अब जाकर डूब मरूँ!

इआगो : अगर तुम ऐसा करोगे तो क्या कभी मेरे प्रेम के अधिकारी बन सकोगे? तुम्हें ऐसी मूर्खता करने की आवश्यकता ही क्या है?

रोडरिगो : जब जीवन ही यातना बन जाए, तब जीवित रहना भी क्या मूर्खता नहीं है? और जब मौत ही हकीम बन जाए तो मरने के नुस्खे में बुराई भी क्या है। दर्द तो नहीं रहेगा।

इआगो : धिक्कार है तुम्हें, जो ऐसी क्षुद्र बातें करते हो! 28 वर्ष के लम्बे अनुभव में मैंने जीवन को परखा है और जब से अच्छे और बुरे की मुझे पहचान हुई है, मैंने कोई ऐसा व्यक्ति नहीं देखा जो केवल अपने को ही प्रेम करता हो। एक दुश्चरित्र स्त्री के लिए डूब मरने के स्थान पर मैं तो मनुष्यत्व को तजकर बंदर तक बन जाना अच्छा समझता हूँ।

रोडरिगो : तो मैं करूँ भी तो क्या? मैं अपनी इस आसक्ति पर स्वयं लज्जित हूँ, किन्तु इसका निवारण मेरे वश की बात नहीं है; इतनी अच्छाई मुझमें नहीं है, यह मैं स्वीकार करता हूँ।

इआगो : अच्छाई! क्या बेकार की बात है! मैं ऐसा हूँ या वैसा, यह तो मेरे ही बस

की बात है न? हमारा शरीर उपवन है और हमारी इच्छा-शक्ति ही उसका माली है। हम उसमें कुछ भी बोएँ या न उगाएँ यह तो हमारे ही श्रम पर निर्भर है, हमारी ही रुचि और रुझान की बात है। यही तो हम मनुष्यों का स्वभाव भी है, जिसमें इच्छाशक्ति ही सबका संचालन और निर्माण करती है। यदि मनुष्य के पास विवेक न हो तो इन भटकती वासनाओं और आदेशों का नियंत्रण कौन करता? प्रकृति की क्षुद्रता बिना अंकुश के तो भयानक परिणाम दिखाने की भी क्षमता रखती है। तुम जिसे प्रेम कहते हो वह तो बलवती वासना-मात्र है जिसमें भयानक विषदंश की सामर्थ्य है। विवेक ही उसे बाँध सकता है।

रोडरिगो : यह नहीं हो सकता।

इआगो : सोचकर देखो! इच्छाशक्ति की लगाम हट गई है और उन्मत्त वासना ही तुममें ऐसा भाव उत्पन्न कर रही है। गम्भीर बनो, आत्मसंयम रखो! डूब मरना बिल्लियों और पिल्लों का ही काम है। मैंने सदैव स्वीकार किया है कि मैं तुम्हारा गहरा मित्र हूँ और मैं तुमसे स्नेह के गाढ़े बन्धनों में बँधा हुआ हूँ। अपने बटुए में पैसे भरो और मेरे साथ युद्धभूमि में चलो। एक नकली दाढ़ी लगाकर अपने चेहरे को ढँक लो! यह निश्चित है कि डैसडेमोना ऑथेलो से अधिक समय तक अटकी नहीं रहेगी, न वही अपने प्रेम में इतना दृढ़ बना रहेगा। जो इतने आवेश और आवेग से प्रारम्भ हुआ है वह उसी वेग से समाप्त भी हो जाएगा। लेकिन तुम बटुए में धन भरकर ले चलना। इन मूर लोगों की इच्छाएँ परिवर्तनशील होती हैं। अपने बटुए में धन भरा रहना चाहिए। आज जिसे वह बहुत स्वादिष्ट भोजन समझकर खा रहा है, कल ही वह उसे अत्यन्त कड़वा लगने लगेगा। डैसडेमोना भी कल किसी नवयुवक को अपनी तृष्णा का केन्द्र बनाएगी। जब ऑथेलो से उसकी वासनाएं तृप्त हो जाएंगी तब उसे अपनी भूल का अनुभव होगा और तब उसमें मोड़ आएगा। लिहाज़ा, बटुए में पैसे भरे रहो! यदि नरक की यातना ही चाहते हो तो डूब मरने से भी अच्छा एक तरीका है। जितना धन इकट्ठा कर सकते हो, कर लो! यदि डैसडेमोना पवित्रता और सतीत्व के चक्कर भी बीच में डालती है, तब भी एक उन्मत्त बर्बर मूर और एक अत्यन्त सुसंस्कृत वेनिस की स्त्री डैसडेमोना के बीच की एक निर्बल शपथ कोई ऐसी बड़ी समस्या नहीं है, जो मुझ जैसे ज़मीन-आसमान के कुलाबे मिलानेवाले शैतान की मदद पाने वाले व्यक्ति के लिए ऐसी कठिन साबित हो कि बुद्धि और कौशल से मैं उसका हल नहीं निकाल सकूँ। मैं कहता हूँ, वह तुम्हें मिलेगी और तुम उसका आनन्द से भोग करोगे। लिहाज़ा धन ले चलो! डूब मरने की बात को आग लगा दो, वह तो सवाल ही नहीं उठता। हाँ, यदि तुम अपनी इच्छा की वस्तु को प्राप्त करने के प्रयत्न में फाँसी पर झूल जाने के बजाय मरना ही अच्छा समझते हो, तो भले ही डूब जाओ और सदा के लिए उससे हाथ धो बैठो!

रोडरिगो : अच्छा, मान लो मैं अड़ा रहूँ, तो तुम विश्वास दिलाते हो कि अंत तक मेरा साथ दोगे?

इआगो : मेरे बारे में पक्का समझो! जाओ! धन एकत्र करो! मैं तुम्हें कई बार बता चुका हूँ, और फिर-फिर कहता हूँ कि मुझे मूर से घृणा है। मेरी घृणा का कारण मेरे हृदय में जमा हुआ है और तुम्हारा कारण भी कम नहीं है। आओ, हम प्रतिहिंसा के लिए अपने हाथ मिलाएँ और उसका विनाश सोचें! यदि तुम उसकी पत्नी को अपवित्र करके आनंद ले सकोगे तो इसमें मेरा आनंद कम नहीं समझना। समय के गर्भ में अनजानी घटनाएँ हैं, जिनका भविष्य में ही जन्म होगा। जाओ, धन लाओ! कल फिर और बातें होंगी। अब विदा!

रोडरिगो : तो कल सुबह मुलाकात कहाँ होगी?

इआगो : मेरे निवास-स्थान पर।

रोडरिगो : मैं ठीक वक्त पर आ पहुँचूँगा।

इआगो : विदा रोडरिगो! याद है न?

रोडरिगो : क्या?

इआगो : डूबना नहीं है, यह तो पक्की हुई न?

रोडरिगो : हाँ, अब मेरा इरादा बदल गया है।

इआगो : अलविदा रोडरिगो! अपने बटुए में पर्याप्त धन भर लो।

रोडरिगो : मैं अपनी सारी ज़मीन बेच दूँगा। (प्रस्थान)

इआगो : इसी तरह मैं मूर्खों से अपनी आवश्यकता पूरी करता हूँ। हाय! अपने अगाध और अत्यन्त परिश्रम से उपार्जित ज्ञान से यदि मैं इस मूर्ख के कार्य के लिए अपने लाभ और स्वार्थ का त्याग करके समय और शक्ति का दुरुपयोग करता तो कितने दारुण दुःख की बात होती! मैं उस मूर से घृणा करता हूँ। लोग तो यह भी कहते हैं कि उसने मेरी स्त्री को भी अपवित्र किया है। मैं इसकी सच्चाई के बारे में कह नहीं सकता, किन्तु संदेह-मात्र के आधार को ही मैं ऐसे विषय में प्रमाण मानकर कार्य कर सकता हूँ। जितना ही ऑथेलो मुझे अच्छा समझता है, उतनी ही मुझे अपनी योजना को कार्यान्वित करने में सफलता मिलेगी। कैसियो सुंदर पुरुष है। देखूँ। कैसियो भी निकले और मेरा भी काम बने! दुधारी कुटिलता के लिए क्या करना उचित होगा! सोचता हूँ! कुछ दिन बाद ऑथेलो के कान भरना शुरू करूँ कि कैसियो तुम्हारी डैसडेमोना से बहुत अधिक घुला-मिला हुआ है। कैसियो सुन्दर है, उस पर सन्देह किया जाना उचित है। उस स्त्री को मिथ्याडम्बर रचने की प्रेरणा दे सकता हूँ। दूसरी ओर ऑथेलो मुक्तहृदय का व्यक्ति है, दयालु भी है। जो अपने को ईमानदार दिखाते हैं वह उन्हीं को सच्चा समझता है, और कोई भी नकेल पकड़कर उसे गधे की तरह चला सकता है। यही ठीक है। यही बीज है जिसे धरती में से फूटकर निकलना है। कुटिलता और रहस्य का अंधकार इसकी रक्षा करे ताकि इस भयानक दानवी षड्‌यन्त्र का जन्म हो सके!

(प्रस्थान)

दूसरा अंक

दृश्य 1

(साइप्रस के गवर्नर मोनटानो तथा दो नागरिकों का प्रवेश)

मोनटानो : क्या अन्तरीप से समुद्र के बारे में कुछ पता चल रहा है?

एक नागरिक : कुछ नहीं। केवल एक भयानक बाढ़ ही आकाश और पृथुल तरंगों के बीच में दिखती है, कोई पाल नहीं झलकता।

मोनटानो : मुझे लगता है, धरती पर यह तूफान और भी तेज़ होगा। अपने युद्ध-परिवेशों पर मैंने ऐसा भीषण प्रभंजन टूटते कभी नहीं देखा। यदि समुद्र पर भी ऐसी ही अवस्था है तो कौन-सा काठ का जहाज़ होगा जो आँधी का ऐसा वेग झेल सकेगा और यह हवा की चपेट चट्टानों को पिघलाने की शक्ति लिए चिंघाड़ती फिरती है! पता नहीं इस सबका परिणाम क्या होगा।

दूसरा नागरिक : होगा क्या? तुर्की जहाज़ी बेड़ा नष्ट हो जाएगा, बिखर जाएगा। फेनों से ढंके हुए तीर पर खड़े होने पर लगता है कि आकाश की ओर थपेड़े मारती अजगर-सी भीमाकार तरंगें भीषण वायु के चपेटे खाकर ऐसी घुमड़ती हुई बढ़ती दिखाई देती हैं, जैसे वे ध्रुव तारे के रक्षक ज्योति-प्रहरी सप्तर्षियों को ही निगल जाएँगी। मैंने तो समुद्र पर ऐसे तूफान को कभी गरजते नहीं देखा।

मोनटानो : यदि तुर्की जहाज़ी बेड़े ने किसी खाड़ी में घुसकर अपनी रक्षा नहीं कर ली है, तो निश्चय ही वह डूब गया होगा। ऐसे तूफान में वह बच जाए, यह तो असम्भव लगता है।

(तीसरे नागरिक का प्रवेश)

तीसरा नागरिक : सुनो भाइयो! मैं खबर सुनाता हूँ। युद्ध समाप्त हो गया। इस भयानक तूफान ने तुर्कों को ऐसा उखाड़ फेंका है कि उनकी साइप्रस पर हमले करने की सारी योजना ही छिन्न-भिन्न हो गई है। अभी-अभी वेनिस का एक बड़ा जहाज़

आया है और उसके लोगों ने स्वयं तुर्की जहाज़ी बेड़े के एक बहुत बड़े भाग को तूफान में नष्ट-भ्रष्ट होते देखा है।

मोनटानो : क्या यह सच है?

तीसरा नागरिक : वह जहाज़ वेरोना से बन्दरगाह में आ गया है। ऑथेलो के लेफ्टिनेण्ट माइकिल कैसियो किनारे पर आ गए हैं। मूर अभी समुद्र पर हैं और उन्हें अब साइप्रस के गवर्नर का स्थान दिया गया है।

मोनटानो : बड़ी प्रसन्नता की बात है। वे इस आदर और सम्मान के योग्य हैं।

तीसरा नागरिक : किन्तु तुर्की जहाज़ी बेड़े के विनाश का संवाद लाने वाले कैसियो अभी तक मूर के विषय में चिंतित दिखाई दे रहे हैं और ईश्वर से उनकी सुरक्षा की प्रार्थना कर रहे हैं। तूफान ने ही उन दोनों को अलग कर दिया था।

मोनटानो : परमात्मा उनकी रक्षा करे! मैं स्वयं उनके अधीन काम कर चुका हूँ। वे तो पूर्ण योद्धा हैं। संग्राम-भूमि में उन्हें देखना चाहिए। चलो, हम समुद्र-तीर पर चलकर उस जहाज़ को देखें जो बन्दरगाह में आया है और ऑथेलो के आने तक आकाश और लहरों के बीच में तब तक अपनी आँखें गड़ाए खड़े रहें जब तक लहरों पर उनके जहाज़ का पाल फरफराता न दिखाई दे जाए।

तीसरा नागरिक : चलिए! वहीं चलें! अभी तो हर क्षण नए जहाज़ों के आने की आशा है।

(कैसियो का प्रवेश)

कैसियो : मैं आप सब लोगों को मूर के प्रति इतना आदर दिखाने के कारण धन्यवाद देता हूँ। वे सचमुच वीर हैं। समुद्र भीषण हो गया था। तूफान ने ही मुझे उनसे विलगा दिया। ईश्वर उनकी रक्षा करे।

मोनटानो : वे जिस जहाज़ में हैं, है तो वह अच्छा न? मज़बूत तो है?

कैसियो : वैसे तो वह मज़बूत लकड़ी का बना है। उस जहाज़ का चालक भी बड़ा कुशल और अनुभवी है। अभी मेरी आशाएँ मिट नहीं गई हैं। मृत्यु की छाप ने मुझे ग्रस नहीं लिया है जो मैं हताश हो जाऊँ।

(नेपथ्य में–'पाल! जहाज़! पाल!' चौथे नागरिक का प्रवेश)

कैसियो : यह कैसा शोर है?

दूसरा नागरिक : सारा नगर तो खाली पड़ा है। समुद्र-तीर पर खड़ी भीड़ चिल्ला रही हैं—पाल! पाल! जहाज़!

कैसियो : मुझे तो लगता है कि यह नए गवर्नर ही होंगे।

(तोपों की सलामी सुनाई देती है।)

दूसरा नागरिक : सलामी देने का मतलब है कि दोस्त जहाज़ ही आया है।

कैसियो : मेरी विनय है कि आप स्वयं जाकर ठीक पता चलाएँ कि कौन आए हैं।

दूसरा नागरिक : मैं जाता हूँ! **(प्रस्थान)**

मोनटानो : क्यों लेफ्टिनेण्ट! क्या तुम्हारे जनरल का विवाह हो गया है?

कैसियो : निश्चय! उनका विवाह तो बड़ा आनन्ददायी रहा है उन्हें। जिस स्त्री से उन्होंने विवाह किया है उसका मैं किन शब्दों में वर्णन करूँ! और यौवन की जितनी सुन्दर कथाएँ आपने सुनी हैं वे तो पीछे रह गईं; वह इतनी सुन्दर है कि कल्पना के पंख भी उसे उड़कर पार नहीं कर पाते। कवियों की कलम उसका वर्णन नहीं कर सकती। चित्रकारों की तूलिकाएँ वे रंग नहीं दरसा सकतीं।

(दूसरे नागरिक का पुनः प्रवेश)

कैसियो : बताइए! कौन आए हैं?

दूसरा नागरिक : यह तो कोई इआगो हैं। जनरल के ऐन्शेण्ट हैं।

कैसियो : अवश्य उसकी यात्रा बड़ी अच्छी रही होगी। भयानक तूफान और गरजती आँधियाँ, समुद्र के गर्भ में छिपे प्रतारक जन्तु जो अनजाने जहाज़ों का सब कुछ नष्ट करने को विह्वल रहते हैं, और न सिर्फ अनगढ़ चट्टानें ही, परंतु सर्वग्राहिणी दलदलें भी। इन सबकी भी विध्वंसक प्रकृति जैसे नष्ट हो गई है क्योंकि डैसडेमोना के सौन्दर्य ने मानो उनपर जादू कर दिया है, तभी तो उसका जहाज़ इतनी सुगमता से बिना किसी हानि के इतनी शीघ्र आ पहुँचा?

मोनटानो : यह डैसडेमोना कौन है?

कैसियो : वही तो, जिसके बारे में मैंने अभी कहा, हमारे संचालक का संचालन करनेवाली शक्ति। वह इसी वीर इआगो की संरक्षता में भेजी गई थी और आशा से एक सप्ताह पूर्व ही आ पहुँची है। देवाधिदेव जूपिटर! ऑथेलो की रक्षा करो! तुम ही उसकी पालों में अपना प्रचंड श्वास भरकर उन्हें फुला दो, ताकि उसका शानदार जहाज़ सुरक्षित-सा इस खाड़ी में आ पहुँचे! वह आए और डैसडेमोना की बांहों में शान्ति पाए! हमारे बुझे हुए हृदयों को फिर से ज्योतित कर दो और सारे साइप्रस में हर्ष और सुख फैला दो।

(डैसडेमोना, इमीलिया, इआगो, रोडरिगो और सेवकों का प्रवेश)

कैसियो : वह देखिए! जहाज़ का खज़ाना किनारे पर उतर आया है। अरे साइप्रस के निवासियो! आदर और प्रेम से उसके सामने घुटने टेक कर प्रणाम करो! स्वागत! देवी, स्वागत! ईश्वर की असीम अनुकम्पा आपको कवच की भाँति घेरे रहे।!

डैसडेमोना : धन्यवाद वीर कैसियो! मेरे स्वामी के बारे में क्या संवाद है?

कैसियो : वे अभी नहीं आए हैं और सिवाय इसके कि वे सकुशल हैं और शीघ्र ही

आ पहुँचेंगे, मैं तो कुछ भी नहीं जानता।

डैसडेमोना : मुझे चिन्ता हो रही है। आप उनके साथ थे। अलग कैसे हो गए?

कैसियो : समुद्र की भयानक लहरों और तूफान के झकोरों ने हमें अलग कर दिया।

(नेपथ्य में 'पाल! जहाज़!' तोपों का गर्जन)

सुनिए कोई जहाज़ आया लगता है।

दूसरा नागरिक : तोपों की सलामी दी जा रही है। इसका मतलब है कि यह भी दोस्त जहाज़ है।

कैसियो : संवाद लाइए!

(नागरिक का प्रस्थान)

कैसियो : आह वीर ऐन्शेण्ट! स्वागत! (इमीलिया से) देवी, आप भी यहाँ हैं। (इआगो से) बुरा न मानना मित्र, यदि मैं स्वागत के उपलक्ष्य में तुम्हारी स्त्री का चुम्बन करता हूँ, यह साहस मेरी कुलीन परम्पराओं का प्रभाव है, न कि किसी कलुषित भावना का।

(चुम्बन करता है।)

इआगो : जितना यह तुम्हें अपना अधर-दान देती है उतना ही यदि यह तुम्हें अपनी जीभ देती, जैसे कि मुझे देती है, तो अवश्य ही तुम भर पाते।

डैसडेमोना : लेकिन वह तो बात ही नहीं करती।

इआगो : लेकिन मेरा कटु अनुभव मुझे बताता है कि जब मैं सोने को होता हूँ तो यही जीभ कतरनी की तरह चलती है। मेरी की शपथ[1], यह मैं मानता हूँ कि आपके सामने यह अपने विक्षोभ को जीभ से व्यक्त नहीं करती, मन ही मन कोसती रहती है।

इमीलिया : आपके ऐसा कहने का कोई कारण नहीं है।

इआगो : अरे रहने दो! सबके सामने तुम बड़ी मधुर, मिलनसार और सुन्दर दिखाई देती हो, जैसे कोई आकर्षक चित्र हो, और भीतर लोगों से मिलने के समय अवश्य तुम्हारी आवाज़ इतनी मीठी सुनाई देती है लेकिन रसोईघर में तुम जंगली बिल्ली की तरह खिखियाती हो; जब तुम्हारे दिल में किसी का नुकसान करने का इरादा पैदा होता है तब तुम भगतिन बन जाती हो, किंतु ज़रा किसी ने छेड़ दिया तो शेरनी की तरह बिफर उठती हो। जब घर गिरस्ती के काम की ज़रूरत होती है उस समय तो तुम पर आलस छा जाता है, पर जब रात को बिस्तर पर हो तब ज़रूर

---

1. ईसामसीह की माता का नाम मेरी था।

घरवाली के कामों में ज़रूरत से ज़्यादा दिलचस्पी लेती हो।

डैसडेमोना : धिक्कार है तुमपर! नारी की निन्दा कर रहे हो!

इआगो : नहीं, किन्तु है यह सत्य ही, भले ही आप मुझे इसके लिए तुर्क कह लें—विधर्मी कह लें, बर्बर कह लें। जागने पर तुम्हारा मन व्यर्थ के आनन्दों की प्राप्ति की ओर जाता है, क्रीड़ारत रहता है, पर जब बिस्तर की ओर जाती हो मानो कोई बड़ा काम करने जाती हो।

इमीलिया : आपको मेरी प्रशस्ति गाने की ज़रूरत ही क्या है?

इआगो : बेहतर है, क्योंकि जो मैं कहूँगा वह प्रकट ही है।

डैसडेमोना : अच्छा ! अगर मैं कहूँ कि मेरा वर्णन करो, तो तुम क्या कहोगे?

इआगो : रहने दें देवी! मुझे कहने को विवश न करें, क्योंकि आलोचना में मैं बड़ा मुँहफट हूँ।

डैसडेमोना : कोई बात नहीं। कहो तो! हाँ, कोई बन्दरगाह की ओर उस जहाज़ की खबर लाने गया है या नहीं, जिसको अभी तोपों ने सलामी दी थी?

इआगो : हाँ, देवी!

डैसडेमोना : मैं प्रसन्न नहीं हूँ। मैं अपने हृदय की भावना को छिपाने के लिए ही इधर-उधर की बातों में मन लगाए रहने की चेष्टा कर रही हूँ। अच्छा चलो! मेरा वर्णन करने का प्रयत्न करो!

इआगो : मैं समझ नहीं पाता कि कैसे कहूँ। मेरे विचारों को मेरे मस्तिष्क में से निकलने में उतना ही कष्ट हो रहा है जितना ऊन में से लासा निकालते समय होता है। सारा दिमाग ही उखड़ता-सा लगता है। किन्तु मेरी म्यूज़[1] श्रमरत है। लीजिए सुनिए, वह कहती है—यदि वह सुन्दरी और विदुषी है, तो सौन्दर्य आनन्द प्राप्त करने के लिए है और बुद्धि उसकी अपनी वस्तु है, जिससे वह अपने सौन्दर्य को और भी सुन्दर बनाती है।

डैसडेमोना : खूब कहा! किन्तु यदि वह काले रंग की है और चतुर भी है तो?

इआगो : काली होने पर भी यदि वह चतुर है तो उसे एक गोरा प्रेमी अवश्य मिलेगा जो उसके कालेपन के उपयुक्त होगा।

डैसडेमोना : ऊहूँ, यह तो अच्छा नहीं।

इमीलिया : अच्छा! यदि वह गोरी हो पर मूर्ख हो!

इआगो : गोरी और सुन्दर स्त्री को आज तक किसने मूर्ख कहा? उसकी तो मूर्खता भी उसे सदैव उत्तराधिकारी प्राप्त करा देती है।

डैसडेमोना : यह तो शराबखानों में बेवकूफों को हँसाने वाली पुरानी घिसी-घिसाई कहमुकरियाँ और कहावतें हैं। बताओ, तुम उस स्त्री के लिए क्या कहोगे जो काली

---

1. म्यूज़—कला की देवी।

और कुरूप ही नहीं, मूर्ख भी हो!

इआगो : ऐसी मूर्ख और कुरूप तो कोई स्त्री होती ही नहीं, जिसमें इतनी भी बुद्धि न हो कि सुन्दरी और चतुर स्त्रियों की तरकीबों की नकल न कर सके।

डैसडेमोना : ऐसा अज्ञान तो वास्तव में दयनीय है। जो सबसे खराब है, उसकी ही तुमने सबसे अधिक प्रशंसा की है। किन्तु उस प्रशंसा की वास्तविक पात्र के बारे में तुम क्या कहोगे, जिसकी अच्छाइयाँ इतनी गहरी बुनियाद पर टिकी होती हैं कि वे ईर्ष्या और संदेह को भी उखाड़ फेंक सकती हैं।

इआगो : जो सदैव सुन्दरी है और कभी अभिमान नहीं करती, वह वाक्कुशल होती है, किन्तु कभी वाचाल नहीं होती। जिसके पास काफी धन होता है, किन्तु कभी तड़क-भड़क को पास नहीं आने देती, जो इच्छाओं को वश में रखकर समय आने पर ही उनकी पूर्ति करती है, जो क्रुद्ध होने पर प्रतिहिंसा का सुयोग पाकर भी अपने प्रहार को रोक देती है और क्रोध को दूर करती है, सहन करने की सामर्थ्य रखती है, जो कभी इतनी अचतुर नहीं होती कि बुरे के लिए अच्छे को बदल डाले, जो सोच सकती है, फिर भी अपने भावों को व्यक्त नहीं करती, जिसके पीछे प्रेमियों की भीड़ चलती है, किन्तु जो पलटकर नहीं देखती, वह स्त्री यदि कभी ऐसी स्त्री हो सकती है...

डैसडेमोना : वह करती क्या है?

इआगो : अधिक से अधिक बच्चों को दूध पिला सकती है और घर-गिरस्ती का हिसाब रख सकती है।

डैसडेमोना : छिः! क्या चिंतन है! क्या निष्कर्ष है! इमीलिया! ये तुम्हारे पति हैं अवश्य, परन्तु इनके विचार को स्वीकार मत करना! कैसियो! तुम्हारा इस विषय में क्या विचार है? इआगो तो बड़े अश्लील और मुँहफट सलाहकार हैं। हैं न?

कैसियो : देवी! वे मतलब की बात करते हैं और कोई लगाम नहीं लगाते। आप तो इन्हें विचारक के रूप में न देखकर एक सैनिक के रूप में देखें तो अधिक अच्छा हो।

इआगो : *(स्वगत)* अरे! यह तो डैसडेमोना का हाथ पकड़कर उसके कान में बात करता है। यह तो बहुत अच्छा है। इसी ज़रा-से जाले में तो कैसियो जैसी बड़ी मक्खी को फँसा दूँगा! अच्छा! कैसियो! तू डैसडेमोना के साथ मुस्करा रहा है! मुस्करा ले! तेरे इस प्रेम-प्रदर्शन में से ही तो तेरी बेड़ियाँ मैं पैदा करूँगा जो तुझे बाँध लेंगी। ठीक कहता हूँ ऐसा ही होगा। अगर तेरी इन तरकीबों से ही तेरी लेफ्टिनेण्टी न छिनवा दूँ तो कहना! अरे, कैसे इसकी उँगलियों को बार-बार चूम रहा है! इस चुम्बन से ही तो तू अपनी कुलीनता और अच्छाइयों के आडम्बर को प्रकट कर रहा है! फिर चुम्बन लिया? वाह रे स्त्री के सम्मान करने के प्रयोग! फिर ले गया उँगलियों को होंठों की ओर! *(तुरही बजती है)* मूर! मूर की तुरही बजी!

कैसियो : यह तो आवाज़ मेरी पहचानी है। उनके साथ ही बजाई जाती है।

डैसडेमोना : चलो, हम उनका स्वागत करें!

कैसियो : लीजिए, वे आ गए!

(ऑथेलो और सेवकों का प्रवेश)

ऑथेलो : आह! मेरी आज्ञादायिनी स्वामिनी!

डैसडेमोना : मेरे प्रिय ऑथेलो!

ऑथेलो : अपने सामने तुम्हें देखकर मुझे अपार हर्ष हो रहा है। तुम मेरे प्राणों का आनन्द हो! यदि हर तूफान के बाद ऐसा सुख मिले, तो यह प्रचण्ड पवन तब तक चले जब तक मुर्दे करवटें न बदल डालें, कोई चिन्ता नहीं यदि उठती हुई लहरें आकाश में स्वर्ग को छू लें या नरक तक पृथ्वी के नीचे धँस जाएँ। यदि मुझे कभी मरना है तो मैं इस क्षण मर जाऊँ, क्योंकि इस क्षण में पूर्ण तृप्त हूँ और अज्ञात भविष्य में सम्भवतः ऐसी परितृप्ति कभी नहीं मिल सकेगी!

डैसडेमोना : ईश्वर न करे ये इच्छाएँ पूर्ण हों! जैसे-जैसे समय बीते, परमात्मा करे हमारा प्रेम और आनन्द परिवर्धित हो!

ऑथेलो : भाग्य के देवताओ! तथास्तु कहो! आज मैं ऊपर तक आनंदप्लावित हो गया हूँ। कैसे कहूँ! मेरा आनन्द तो शब्दों में समा नहीं पा रहा है! गिरा अनयन है, नयनों में वाणी नहीं है, मैं इस गूँगे की मिठास का वर्णन करूँ? *(चुम्बन लेते हुए)* यह...और यह...सच, यदि हमारे जीवन में टकराहट हो तो यही उसका रूप हो...[1]

इआगो : *(स्वगत)* इस समय तो तुम्हारे तार मिले हुए हैं, लेकिन मैं तो इस सामंजस्य को तोड़ ही दूँगा, फिर देखना कैसा बेसुरा राग निकलता है। मैं झूठ नहीं कहता, ईमानदार आदमी हूँ।

ऑथेलो : चलो, दुर्ग की ओर चलें। मेरे पास बड़ी खुशखबरियाँ हैं। हमारा युद्ध समाप्त हो गया है और तुर्क डूब गए हैं। मेरे मित्रो! द्वीप के निवासियो! आप लोग तो सकुशल हैं? प्रिये! साइप्रस की प्रजा तुम्हें बड़ा स्नेह और सम्मान देगी। यह सदैव मुझे बहुत चाहती है। प्रियतमे! मैं वाचाल हो गया हूँ और अपने ही सुखों में रम गया हूँ न, कि मुझे कुछ ध्यान नहीं रहा! मेरे अच्छे इआगो! ज़रा खाड़ी तक चले जाओ और बक्स इत्यादि जहाज़ से उतरवा लो! जहाज़ के कप्तान को दुर्ग में ले आना। वह बड़ा योग्य और सम्माननीय व्यक्ति है। चलो डैसडेमोना, साइप्रस में तुमसे मिलकर आनन्द आ गया।

(ऑथेलो, डैसडेमोना और सेवकों का प्रस्थान;
केवल इआगो और रोडरिगो रह जाते हैं)

---

1. अर्थात् चुम्बन ही टकराहट का रूप हो।

इआगो : क्या तुम कुछ समय बाद बन्दरगाह पर मिलोगे? यदि तुम वीर हो, और जैसा कि कहा जाता है कि क्षुद्र व्यक्ति भी प्रेम में इतने उदात्त हो जाते हैं, जितने कि वे होते नहीं, तो मेरी बात सुनो! आज रात लेफ्टिनेण्ट की ड्यूटी है रात्रि-प्रहरियों और रक्षकों की देख-भाल करना। एक बात पहले बता दूँ कि डैसडेमोना और कैसियो में गहरी प्रीति है।

रोडरिगो : उससे? यह कैसे हो सकता है?

इआगो : चुपचाप मेरी बात सुनो और अपने मुँह को बन्द ही रखो! याद है न? शुरू में ऑथेलो की बड़ी-बड़ी बातें सुनकर डैसडेमोना ने किस आवेश से उससे प्रेम किया था! लेकिन बातों के कारण तो वह सदैव वैसा ही प्रेम नहीं कर सकती! अगर तुममें थोड़ी भी बुद्धि है, तो शायद तुम भी ऐसा नहीं समझोगे। अपने हृदय की इच्छाओं को पूर्ण करने के लिए उसे कोई सुन्दर पात्र चाहिए। भला ऐसे शैतान के-से कुरूप मूर को देखकर वह सुख कैसे पा सकती है! जब पहली वासना का आवेश शान्त हो जाता है, तब उस अग्नि को भड़काने के लिए किसी नई वस्तु की आवश्यकता होती है—समवयस्कता, सुन्दर मुख, अच्छा स्वभाव और रुचियाँ, इनमें से कोई भी ऐसी उत्तेजना दे सकता है। मूर में तो ऐसा कोई गुण नहीं। अतः यह स्पष्ट ही है कि जब ऐसी कोई बात डैसडेमोना को नहीं मिलेगी जिसमें उसका मन रम सके, तो उसका कोमल स्वभाव उचाट खाएगा और उसकी आँखों से सारे पर्दे उतर जाएँगे। उसे लगेगा वह सब कुछ खो चुकी है। वह उससे ऊबने लगेगी और तब वह अपने स्वभाव से मेल खानेवाले प्रेमी की खोज करने लगेगी। अब अगर ऐसी हालत हो जाए और इसके सिवाय कुछ हो नहीं सकता, तब कैसियो के सिवाय और ऐसा कौन है जो उस परिस्थिति में अधिक उपयुक्त और भाग्यशाली दिखता हो? वह बड़ा मिठबोला है और ऐसी नैतिकता उसके पीछे नहीं कि जो अपनी जघन्य तृष्णा पूरी करने के लिए मीठे व्यवहार का दिखावा करने से उसे रोक दे। उसके अतिरिक्त ऐसा कोई नहीं जिसको डैसडेमोना अपने प्रेम का पात्र बना सके। वह बड़ा अविश्वसनीय व्यक्ति है और अवसरवादी भी है। वह अपने अनुकूल परिस्थितियाँ बनाना जानता है और ऐसे मौके कभी नहीं चूकता जिनमें वह अपनी कलुषित वासनाओं की तृप्ति कर सके। वह पक्का शैतान है। और फिर जवान है, खूबसूरत है और कमसिन, अनुभवहीन और मूर्खों को आकर्षित करने के सारे गुण उसमें मौजूद हैं। वह पक्का धूर्त है। और डैसडेमोना ने तो उसके प्रति अपने आकर्षण को प्रकट भी कर दिया है।

रोडरिगो : लेकिन, जाने क्यों मुझे इस सब में विश्वास नहीं होता। वह स्त्री सर्वश्रेष्ठ मानवी गुणों से पूर्ण है।

इआगो : क्या मूर्खता की बात है! वह एक साधारण स्त्री-मात्र है और उसमें भी वही वासनाएँ तथा पाप की ओर लिप्त होने की तृष्णा है। यदि वह असाधारण होती

तो वह मूर के प्रेम में कभी नहीं पड़ती। वह भी अंगूर की शराब ही पीती है। अरे अक्ल के दुश्मन! देखा नहीं था, वह कैसे उसके हाथ को दबा रही थी? अच्छा कहो, तुमने नहीं देखा?

रोडरिगो : देखा क्यों नहीं था, लेकिन वह तो सौजन्य की बात थी?

इआगो : मैं शर्त बदकर कहता हूँ कि वह वासना थी। अनैतिकता और तृष्णा के इतिहास की वह भूमिका-मात्र थी। उनके होंठ इतने पास आ गए थे कि उनके श्वास टकरा रहे थे। रोडरिगो! ये कुटिल विचार हैं। जब यह पारस्परिक मिलन इस प्रकार रास्ता बनाता है तब ही पाप की वास्तविक क्रिया अपने को साकार कर उठती है। वह स्वामिनी की भाँति आकर बाद में अपना सर्वाधिकार कर लेती है। मूर्ख न बनो! मेरी बात मानो! मैं तुम्हें वेनिस ले आया हूँ। आज रात जो मैं तुमसे कहूँ उसके लिए सन्नद्ध रहो! कैसियो तुम्हें नहीं जानता। वह निकट ही होगा। किसी तरह उसे क्रुद्ध करने की कोई तरकीब निकाल लो, ज़ोर से बोलकर या उसकी फौजी पाबन्दियों पर कोई धब्बा लगाकर, या जैसा भी मौका देखो उसे किसी तरह से चिढ़ा दो!

रोडरिगो : अच्छी बात है!

इआगो : वह बड़ा तुनकमिज़ाज है और उसे जल्दी गुस्सा चढ़ता है। हो सकता है, वह तुम पर भी वार करे। ऐसा करो कि वह तुम पर हमला करे। मैं तो इसी में से ऐसा कारण ढूँढ़ निकालूँगा कि साइप्रस में गदर हो जाए। कम से कम इतना तो हो जाएगा कि कैसियो को नौकरी से हाथ धोना पड़ जाएगा। तुम्हारी मंज़िल पास आ जाएगी और मुझे मौका मिल जाएगा कि मैं अपनी परिस्थिति का लाभ उठाकर तुम्हारे लिए रास्ता साफ कर सकूँगा ताकि तुम्हारी इच्छाओं की शीघ्रातिशीघ्र पूर्ति हो जाए।

रोडरिगो : मैं तुम्हारे आदेशानुसार चलूँगा और प्रयत्न करूँगा कि इस अवसर का लाभ उठाया जा सके।

इआगो : मैं विश्वास दिलाता हूँ। कुछ देर बाद मुझसे दुर्ग के पास मिल लेना! तब तक मैं मूर का सामान लाने जाता हूँ। विदा!

रोडरिगो : विदा ! **(प्रस्थान)**

इआगो : मुझे विश्वास है कि कैसियो डैसडेमोना से प्रेम करता है और यह भी विश्वसनीय और उचित लगता है कि वह भी उसे चाहती है। यद्यपि मूर से मैं घृणा करता हूँ फिर भी मानना पड़ेगा कि वह स्वभाव से स्नेही, दृढ़ तथा उदात्त है और वह डैसडेमोना के प्रति बहुत उदार, स्नेही, और प्रेमी पति प्रमाणित हो गया। मैं भी उसे प्यार करता हूँ, केवल वासनाजन्य तृष्णा के कारण नहीं, हालाँकि मैं अपने को पाप के प्रति अबोध भी नहीं मानता, लेकिन इसमें तो मेरी प्रतिहिंसा की तृप्ति होती है, क्योंकि मुझे सन्देह है कि विषयी ऑथेलो ने मेरी स्त्री को भ्रष्ट किया है। यह विचार

तो मेरी नस-नस में विष भर दे रहा है, और जब तक मैं 'पत्नी के लिए पत्नी' का बदला नहीं ले लूँगा, तब तक मुझे कभी भी चैन नहीं पड़ेगा। यदि यह नहीं होगा तो मैं ऑथेलो के हृदय में ऐसी आग लगा दूँगा जो कभी बुझाई नहीं जा सकेगी। पहले तो मुझे इसके लिए कैसियो की कमियों को पकड़ना होगा, और यह तभी हो सकता है जब वह दो कौड़ी का कुत्ता रोडरिगो धैर्य धरकर मेरे आदेशों के अनुसार चले। जब कभी मौका लगेगा मैं ऑथेलो से कैसियो की गन्दे से गन्दे शब्दों में निन्दा करूँगा। मुझे यह भी सन्देह है कि कैसियो की मेरी स्त्री से मित्रता है। ऑथेलो मेरे प्रति कृतज्ञ होगा, मैं उसे मूर्ख बनाऊँगा, उसकी शान्ति के विरुद्ध षड्यन्त्र रचूँगा और उसके साथ ऐसा घात करूँगा कि वह पागल तक हो जाए! मेरी योजना यहाँ *(सिर में)* है लेकिन अभी कुछ स्पष्ट नहीं है। कुटिलता का मुँह तभी स्पष्ट दिखता है जब वह प्रयोग में लाई जाती है।

(प्रस्थान)

दृश्य 2

(साइप्रस की एक गली)

(ऑथेलो के घोषणावाहक का प्रवेश; उसके हाथ में घोषणा-पत्र है, उसके पीछे प्रजा है।)

घोषणावाहक : तुर्की बेड़े के पूरी तरह विनष्ट हो जाने का संवाद पाकर हमारे वीर सेनानायक ऑथेलो की यह इच्छा है कि प्रत्येक व्यक्ति विजय का आनन्द मनाए; नृत्य, गीत और उत्सव के प्रबन्ध किए जाएँ, क्योंकि विजय के आनन्द के अतिरिक्त यह उनके परिणय का भी परम शुभ अवसर है। उनकी इस इच्छा की घोषणा की जाती है। भोजन के लिए लंगरों का प्रबन्ध किया गया है जहाँ कोई भी स्वतन्त्रता से भोजन कर सकता है। उससे प्रीतिभोज का कोई मूल्य नहीं लिया जाएगा। इस समय पाँच बजे से ग्यारह बजे तक कोई रोक नहीं होगी। परमात्मा हमारे साइप्रस द्वीप तथा हमारे वीर व गौरवान्वित सेनानायक ऑथेलो का मंगल करें!

(प्रस्थान)

दृश्य 3

(दुर्ग का एक विशाल प्रकोष्ठ)

(ऑथेलो, डैसडेमोना, कैसियो और सेवकों का प्रवेश)

ऑथेलो : प्रिय माइकिल ! आज रात को प्रहरियों पर तुम स्वयं दृष्टि रखना! प्रत्येक कार्य में नियमित मर्यादा होनी चाहिए, कहीं आनन्द अपनी सीमा का उल्लंघन करके उत्पात न बन जाए!

कैसियो : इआगो को इस सम्बन्ध में सारे आदेश दे दिए गए हैं, किन्तु फिर भी मैं स्वयं निरीक्षण करता रहूँगा।

ऑथेलो : इआगो बहुत ईमानदार है। अच्छा, गुडनाइट माइकिल! कल प्रातःकाल शीघ्रातिशीघ्र मैं तुमसे बातें करूँगा। (*डैसडेमोना से*) चलो प्रिये! अभी हमें अपने परिश्रम का फल प्राप्त करना है और वह आनन्द तो हमारे-तुम्हारे बीच का है। (*कैसियो से*) गुडनाइट!

(ऑथेलो, डैसडेमोना तथा सेवकों का प्रस्थान; इआगो का प्रवेश)

कैसियो : स्वागत इआगो! चलो, प्रहरियों का निरीक्षण कर आएँ!

इआगो : इस समय नहीं लेफ्टिनेण्ट! अभी तो दस भी नहीं बजे। डैसडेमोना के प्रेम के कारण ही हमारे जनरल ने समय से पूर्व ही हमें छोड़ दिया है—इसके लिए हमें दोष नहीं देना चाहिए। अभी तक उन्होंने उसके साथ रात्रि व्यतीत नहीं की है और फिर वह तो आनन्द-केलि का आधार ठहरी!

कैसियो : वह एक बहुत अच्छी महिला है।

इआगो : और सचमुच, कहते हैं वह बड़ी क्रीड़ातुरा भी है।

कैसियो : सच, वह बड़ी स्फूर्तिमती और मोहिनी है।

इआगो : कैसी सुन्दर आँखें हैं उसकी! ऐसा लगता है कि मानो प्रेम की ओर प्रेरित करनेवाली वह स्वयं एक प्रेरणा ही है।

कैसियो : आकर्षक नेत्र! किन्तु फिर भी उनमें कितनी लज्जा है, संकोच है।

इआगो : जब वह बोलती है तब क्या वह मानो प्रेम करने का निमंत्रण नहीं देती?

कैसियो : वह हर प्रकार से पूर्ण है।

इआगो : उनकी सुहागरात के आनन्द के लिए, आओ लेफ्टिनेण्ट! मेरे पास एक मदिरा का पात्र है और यहाँ साइप्रस के वीर युवक हैं, कोई ऐसा नहीं जो कृष्णवर्ण ऑथेलो के आनन्द और मंगल-कामना के लिए पीने को तत्पर न हो।

कैसियो : नहीं, प्रिय इआगो! आज रात नहीं। शराब के नाते मेरा दिमाग बहुत कमज़ोर है, मैं तो चाहता हूँ कि समाज के स्वागत-सत्कार के आयोजनों में आनन्द मनाने का कोई दूसरा ही साधन निकल आए।

इआगो : अरे, ये सब अपने मित्र हैं। बस, एक प्याला पीओ! मैं भी तुम्हारे साथ पीऊँगा।

कैसियो : एक प्याला शराब पानी में मिलाकर मैं आज रात पी भी चुका हूँ! और देखो न, मेरा चेहरा कैसा सुर्ख़ हो गया है। इस निर्बलता को मेरा दुर्भाग्य ही समझो। इस कमज़ोरी से और खेलने का मुझमें साहस नहीं है।

इआगो : कमाल करते हो! आनन्द की रात है और सारे वीर यही कामना करते हैं।

कैसियो : कहाँ हैं वे?

इआगो : सब द्वार पर हैं। मैं सच कहता हूँ, बुला लो भीतर!

कैसियो : बुलाता हूँ पर शराब मुझे तकलीफ देती है। **(प्रस्थान)**

इआगो : यदि मैं इसे पी हुई शराब के ऊपर बस एक प्याला-भर और पिलाने में सफल हो गया तो समझ लो यह किसी भी जवान औरत के लिए कुत्ते की तरह पागल और मस्त हो जाएगा। और उधर प्रेम में पागल मूर्ख रोडरिगो भी डैसडेमोना के लिए शुभकामना में पी-पीकर धुत हो चुका है और वह भी आज प्रहरी है। यहाँ मेरे साथ साइप्रस के तीन कुलीन और उद्दण्ड तरुण हैं जो ज़रा-सी बात पर भड़क उठते हैं और भिड़ने को तैयार रहते हैं। मैंने उन्हें पिला-पिलाकर उत्तेजित कर रखा है। वे भी प्रहरी हैं। अब शराबियों के इस दल में मुझे कैसियो को पिलाकर ऐसे पेश करना है कि द्वीप-निवासी उत्तेजित हो उठें। लो, वे आ गए! यदि मेरी आयोजना के अनुसार सब कार्य पूर्ण हो गए तो फिर मेरी नाव तो हवा और पानी की अनुकूलता में मज़े में बहेगी।

(कैसियो का मोनटानो तथा अन्य नागरिकों के साथ प्रवेश;
पीछे मदिरा पात्रों के साथ सेवक हैं)

कैसियो : भगवान-कसम! उन्होंने मुझे तो पहले ही पिला-पिलाके चक्क कर दिया।

मोनटानो : ज़रा-सी लीजिए! सैनिक हूँ, सच कहता हूँ, बहुत थोड़ी सी!

इआगो : शराब लाओ!

(गाता है)

खन खन प्याले बजें हमारे

खन खन खन खन खन खन खन!

होता है, इन्सान सिपाही

और ज़िन्दगी छोटा भाई,

पिए न क्यों फिर कहो सिपाही!

खन खन प्याले बजें हमारे

खन खन खन खन खन खन खन!

लड़को! और शराब लाओ!

कैसियो : भगवान-कसम! क्या ज़ोरदार गाना है!

इआगो : इसे मैंने इंग्लैंड में सीखा था, जहाँ के लोग पीने में कमाल करते हैं। तुम्हारे डेन, जर्मन, यहाँ तक कि मोटी तोंदवाले हालैण्डवासी भी इस मामले में अँग्रेज़ों के

सामने कुछ नहीं हैं।

कैसियो : क्या अँग्रेज़ इतना पियक्कड़ होता है?

इआगो : डेन शराब के नशे में पछाड़ खा जाए, मगर अँग्रेज़ चूँ भी न करेगा। जर्मन को पीने में मात देते वक्त तो उसे पसीना भी नहीं आता। हालैण्डवासी तो कै करने लगता है, जबकि अँग्रेज़ अपना प्याला भरवाने की इच्छा करता है।

कैसियो : हमारे वीर जनरल के स्वास्थ्य के लिए...

मोनटानो : लेफ्टिनेन्ट! मैं तुम्हारे साथ हूँ। शराब के साथ तो अब इंसाफ होगा।

इआगो : आह, प्यारे इग्लैंड!

> *राजा स्टीफन योग्य व्यक्ति था, बड़ा वीर था;*
> *उसकी ब्रीचेस[1] की कीमत बस एक क्राउन[2] थी।*
> *दर्जी ने छ: पेंस[3] अधिक ले लिए हाथ से,*
> *गाली राजा ने दी उसको यही बात थी।*
> *वह ऊँचे दर्जे का था इन्सान नामवर,*
> *तुम हो नीचे दर्जे के, काहिल सबसे।*
> *गर्व राष्ट्र का लाता सदा पतन जगती पर,*
> *सन्तोषी बन रहो, मिले जो लेकर, सुख से!*

और शराब लाओ!

कैसियो : भगवान-कसम! यह गाना तो पहलेवाले से भी अच्छा है।

इआगो : और गाऊँ!

कैसियो : नहीं! क्योंकि ऐसे गानेवाले के लिए यह स्थान उपयुक्त नहीं है। भगवान सबसे ऊपर है। कुछ प्राणी ऐसे हैं जिनकी रक्षा होनी चाहिए, कुछ आत्माएँ ऐसी हैं जिनकी रक्षा नहीं होनी चाहिए।

इआगो : यह सच तो है लेफ्टिनेण्ट!

कैसियो : जहाँ तक मेरा सवाल है, मैं जनरल का कोई अनिष्ट नहीं चाहता। शायद इसलिए मेरी रक्षा हो जाएगी।

इआगो : यही मेरी आशा भी है लेफ्टिनेण्ट!

कैसियो : हाँ, किन्तु तुम्हारी मर्ज़ी से ही सही, पर मुझसे अधिक नहीं। लेफ्टिनेण्ट से पहले ऐन्शेण्ट नहीं। छोड़ो भी यह सब। आओ अपने कर्तव्य का पालन करें! ईश्वर हमारे पापों के लिए हमें क्षमा करे। श्रीमान! आइए! अपने कर्तव्य की ओर ध्यान दें। महाशयो! मुझे यह न समझना कि मैं नशे में हूँ। मैं जानता हूँ, यह मेरे एन्शेण्ट हैं। यह मेरा दायाँ हाथ है, यह बायाँ है। मैं बिल्कुल ठीक हूँ। देखो! मैं बिल्कुल ठीक बातें कर रहा हूँ।

सब : बिल्कुल!

---

1. चुस्त पाजामा 2. सिक्का 3. छोटा सिक्का।

कैसियो : क्यों? बिल्कुल ठीक! तब आप लोग मेरे बारे में यह न सोचें कि मैं नशे में हूँ। **(प्रस्थान)**

मोनटानो : किले के बुर्ज पर चलो, अब अपनी-अपनी जगह पर पहरा देना उचित है।

इआगो : *(व्यंग्य से)* आपने इस आदमी को देखा जो अभी बाहर गया है? वह अपने को इतना महान योद्धा समझता है कि सीज़र के पास खड़ा होने योग्य है। और उसकी धूर्तता देखो! बिल्कुल पता नहीं चलता कि उसमें और उसकी भलमनसाहत में फर्क क्या है? कैसे अफसोस की बात है! ऑथेलो ने उस पर कितनी बड़ी ज़िम्मेदारी डाल रखी है! मुझे डर है, किसी न किसी दिन जब यह नशे में झूम जाएगा, द्वीप पर बड़ी हलचल मचा देगा।

मोनटानो : क्या अक्सर यह ऐसा ही हो जाता है?

इआगो : हाँ, हर रात सोने जाते वक्त पीता है। अगर रात इसे सुला न दे तो इसके पीने का अन्त न हो।

मोनटानो : तब तो जनरल को इसकी सूचना देना उचित है। शायद उन्हें इस बारे में कुछ भी पता नहीं हो; हो सकता है कि रहमदिली की वजह से उन्होंने सिर्फ इसकी अच्छाइयों पर गौर करके इसकी बुरी आदतें नज़रन्दाज़ कर दी हों। ठीक है न?

(रोडरिगो का प्रवेश)

इआगो : *(उससे अलग से)* क्यों रोडरिगो! मैं कहता हूँ लेफ्टिनेण्ट के पीछे लग जाओ!

(रोडरिगो का प्रस्थान)

मोनटानो : यह कितने अफसोस की बात है कि ऑथेलो ने अपने बाद एक नशेबाज़ को इतनी ताकत दे रखी है। ऐसे मामले में वीर मूर को सूचित कर देना तो एक बहुत बड़ी ईमानदारी ही समझनी चाहिए।

इआगो : भाई, मैं तो सारे साइप्रस की दौलत के बदले में भी ऐसा नहीं कर सकता। मुझे कैसियो से बहुत प्रेम है और उसकी यह बुरी आदत छुड़ाने के लिए मैं तो कुछ भी करने को तैयार हूँ। सुनो, सुनो! यह भीतर कैसा शोर हो रहा है?

**(पुकार; 'बचाओ! बचाओ!' रोडरिगो को भगाते हुए
कैसियो का प्रवेश)**

कैसियो : कमीने! हरामी! शैतान!

मोनटानो : लेफ्टिनेण्ट! क्या बात है? क्या बात है?

कैसियो : यह बदमाश मुझे मेरा कर्तव्य सिखाएगा? मैं इसे मार-मार के भुर्ता बना दूँगा!

रोडरियो : मार-मार के!

कैसियो : फिर बोला लुच्चे! *(रोडरिगो को मारता है।)*

मोनटानो : नहीं, वीर लेफ्टिनेण्ट! मारो मत! मैं प्रार्थना करता हूँ, मारो मत।

(रोकता है।)

कैसियो : छोड़िए मुझे! वर्ना मैं आपका भी सिर तोड़ दूँगा।
मोनटानो : छोड़ो-छोड़ो! तुम नशे में हो।
कैसियो : नशे में हूँ?

(लड़ते हैं)

इआगो : *(रोडरिगो से अलग से)* भाग-भाग! तुरन्त बाहर जाकर शोर करके आसमान सिर पर उठा ले! खूब चिल्लाना : गदर! गदर! बलवा! बलवा!

(रोडरिगो का प्रस्थान)

सुनिए वीर लेफ्टिनेण्ट! भगवान की मर्ज़ी! महाशयो! बचाओ! लेफ्टिनेण्ट मोनटानो! श्रीमान! बचाओ। स्वामी! लो-लो, घण्टा बज गया। *(घण्टा बजता है।)* खतरे का घण्टा! कौन बजा रहा है घण्टा! उफ शैतान! नगर जाग उठेगा। भगवान की इच्छा! अरे रुको! कभी सिर उठाने लायक नहीं रहोगे!

(ऑथेलो और सेवकों का प्रवेश)

ऑथेलो : क्या बात है?
मोनटानो : ईश्वर की सौगन्ध। मेरा खून बह रहा है। उफ, कितनी चोट लगी है। कितना घायल हो गया हूँ।

(मूर्छित हो जाता है।)

ऑथेलो : जान प्यारी है तो हाथ रोक दो!
इआगो : रुको-रुको लेफ्टिनेण्ट! मोनटानो! श्रीमान! नागरिको! क्या समय, स्थान और कर्तव्य! आप सबको भूल गए हैं? मैं कहता हूँ रुको! जनरल आपसे कुछ कहना चाहते हैं? धिक्कार है! रुकिए, रुकिए!
ऑथेलो : रुक जाओ! ठहर जाओ! कैसे हुआ यह सब! किसने की इसकी शुरुआत! क्या हम तुर्को जैसे हो गए हैं? भगवान ने तुर्को जैसे शत्रु को हटाया था, क्या इसीलिए कि हम आपस में लड़ मरें? ईसाई धर्म की लाज कहाँ है तुम्हारी? यह बर्बर झगड़ा! अगर अब किसी का गुस्से से उमंगकर हाथ भी हिला तो समझ लो उसे अपनी जान की परवाह नहीं! जो हिला सो मरा! उस भयानक घण्टे का बजाना रोक दो, व्यर्थ ही द्वीप-निवासियों पर आतंक छा जाएगा। अब कहिए, क्या बात है! इआगो! तुम ईमानदार हो! दुःख के मारे कैसी मुर्दनी छा गई है तुमपर! बोलो! इसे किसने शुरू किया। मेरे प्रति तेरे प्रेम की सौगन्ध! मैं तुझसे पूछता हूँ।

इआगो : मैं नहीं जानता। क्षण-भर पहले तो सब एक-दूसरे के मित्र थे, मानो दूल्हा-दुल्हन हों और क्षण-भर बाद ही खड्ग लेकर एक-दूसरे पर टूट पड़े। फिर ऐसे लहू के प्यासे हो गए जैसे आकाश ग्रहों ने इनकी मति फेर दी। कैसे बताऊँ कि इस दुर्घटना का प्रारम्भ कैसे हुआ। अच्छा होता किसी गौरवमय युद्ध में मेरे पाँव ही कट जाते तो कम से कम मैं ऐसा दृश्य देखने को यहाँ उपस्थित तो न होता!

ऑथेलो : क्या है यह सब माइकिल! क्या तुम बिल्कुल भूल गए कि तुमसे क्या आशा थी? क्या तुम अपने-आपको भुला बैठे?

कैसियो : क्षमा करें जनरल! मैं कुछ नहीं कह सकता।

ऑथेलो : वीर मोनटानो! तुम अपने आचार-व्यवहार में सदैव अत्यन्त सुसंस्कृत और सुसंयत थे और अपने यौवन में भी अपने गाम्भीर्य और शान्तिप्रियता के लिए प्रसिद्ध थे। बुद्धिमानों में भी तुम्हारा नाम अत्यन्त आदर के साथ लिया जाता है। क्या बात है कि तुम अपने यश को नष्ट करना चाहते हो? इस तरह बात-बात में झगड़ा करना क्या शोभनीय है? मुझे सारी परिस्थिति समझाओ!

मोनटानो : परम दयालु ऑथेलो, मैं बहुत घायल हो गया हूँ। तुम्हारा अफसर इआगो तुम्हें सारी बातें बता सकता है। क्षमा करना, मैं बोल नहीं सकता, मेरे अंग-अंग में दर्द होता है। न मैं जानता हूँ कि मैंने क्या गलती की है। बेशक, अगर अपनी जान बचाना, अपनी ज़िन्दगी से प्यार करना, अपनी रक्षा करना, एक भयानक वार से अपनी हिफाज़त करना गलती है तो मैं भी कसूरवार हूँ।

ऑथेलो : ईश्वर की सौगन्ध! अब मेरी तर्क-बुद्धि पर मेरा क्रोध छाता जा रहा है। मेरी निर्णय-शक्ति मन्द हो रही है और क्रोध मुझे बहाए लिए जा रहा है। यदि मैं तनिक भी अपनी भुजा उठाऊँ या हिला दूँ तो तुममें सबसे अधिक वीर भी आतंक से मर जाएगा, मेरे भयानक दण्ड का भागी होगा। मुझे तुरन्त बताओ कि यह खूनी झगड़ा कैसे शुरू हुआ, किसने अगुवाई की और कौन अपराधी है? वह मेरा सगा भाई भी क्यों न हो, उसे मेरी मित्रता से हाथ धोना पड़ेगा। कितने शर्म की बात है कि तुम अपने निजी मामले, अपने घरेलू झगड़े ऐसे नगर में करो जहाँ युद्ध की भयानक छाया का आतंक अभी तक प्रजा के हृदय को भयभीत किए हुए हैं। और वह भी रात को, ठीक दुर्ग में और वह भी रक्षा-केन्द्र में? कितनी भयानक भूल है! इआगो! यह किसने शुरू किया?

मोनटानो : यदि तुम उसके प्रति स्नेह या नौकरी में उसके साथ सम्बद्ध होने के कारण सच नहीं बोलते और इधर-उधर की बात करते हो, तो तुम सच्चे सैनिक ही नहीं हो!

इआगो : आह! मेरे मर्म को न छुओ! माइकिल कैसियो के विरुद्ध कुछ कहने की जगह तो मेरी जीभ कट जाती तो अच्छा होता! किन्तु मुझे विश्वास है कि यदि कह दूँगा तब भी कैसियो का कुछ नहीं बिगड़ेगा। सुनिए जनरल! बात यों है, मैं और मोनटानो बातें कर रहे थे कि एक आदमी 'बचाओ-बचाओ' चिल्लाता भागा आया। पीछे-पीछे

कैसियो तलवार खींचे उसे धमकाते आ रहे थे। लगता था कि मार ही देंगे। तब यह (मोनटानो) महाशय कैसियो के सामने पड़ गए और इन्होंने इनसे रुकने की प्रार्थना की। मैं उस चिल्लानेवाले के पीछे दौड़ा, क्योंकि कहीं उसके चिल्लाने से नगर न जाग उठे और हुआ भी यही। वह बहुत तेज़ दौड़ता था। मैं उसे न पा सका। तभी मैं इधर दौड़ा क्योंकि इधर तलवारें खनखना रही थीं। कैसियो चिल्ला रहे थे कि मार डालूँगा और वह ऐसी बात थी जो मैंने अभी आज रात से पहले देखी भी नहीं थी। मुझे लौटने में ज़्यादा देर भी नहीं लगी। लौटते ही क्या देखता हूँ कि ऐसे जोर-शोर से तलवारें चल रही थीं, बस वैसे ही जैसे कि आपने इन्हें अलग करते वक्त देखा। इससे ज़्यादा मुझे इस मामले में कुछ नहीं मालूम। इन्सान आखिर इन्सान है। भूल बड़ों-बड़ों से भी होती है। और गुस्से में ऐसा होता है। कैसियो का ऐसा क्या कसूर है, गुस्से में तो लोग गलतफहमी में पड़कर अपने खासुलखासों पर हमला कर बैठते हैं। और यह भी पक्की बात है कि वह जो आदमी भाग गया है उसने कैसियो का अपमान किया था, जिसे धैर्य से सह सकना भी सम्भव नहीं था।

ऑथेलो : मैं जानता हूँ कि कैसियो के प्रति तुम्हारी सद्भावनाएँ, तुम्हारा स्नेह विषय की गम्भीरता को कम करने के प्रयत्न में है, इसीलिए जहाँ तक हो सका है, तुमने अपने विवरण को ऐसा रंग देने का प्रयत्न किया है कि अपराध प्रकट नहीं हो। यह सच है कि मैं तुम्हें चाहता हूँ कैसियो! लेकिन अब तुम्हें मैं अपना मातहत अफसर नहीं रख सकता।

(डेसडेमोना का सेवकों के साथ प्रवेश)

देखो! इस शोर-गुल से डेसडेमोना भी जाग गई है। मैं तुम्हारे मसले को एक मिसाल बनाकर पेश करूँगा।

डेसडेमोना : क्या बात है?

ऑथेलो : अब सब ठीक है प्रिये! चलो, सोने चलें! *(मोनटानो से)* तुम्हारे घावों की देख-रेख मैं खुद करूँगा। इआगो! नगर पर सचेत दृष्टि रखना और जो इस झगड़े से घबरा गए हैं उन्हें तसल्ली देना! चलो डैसडेमोना! यह तो योद्धा के जीवन का ही एक अंग है कि अपनी शान्तिपूर्ण निद्रा को इस प्रकार के झगड़ों में नष्ट किया करे।

(इआगो और कैसियो के अतिरिक्त सबका प्रस्थान)

इआगो : क्यों लेफ्टिनेण्ट! क्या घायल तो नहीं हुए?

कैसियो : इतना कि अब हकीम मेरा इलाज नहीं कर सकते।

इआगो : भगवान न करे!

कैसियो : मैंने अपना अच्छा नाम आज खत्म कर दिया। वही मेरे जीवन का अमर अंश था। अब तो मैं पशु से भी गया-बीता हूँ। हाय! मेरा सारा यश चला गया।

इआगो : कसम से, मैं तो समझा था तुम्हें कोई घातक चोट लगी है। शरीर के घाव में जो पीड़ा की भावना होती है वह नाममात्र की हानि से कहीं अधिक पीड़ा देती है। यश क्या है? एक झूठा और बेकार का प्रदर्शन, जो प्रायः अयोग्य भी प्राप्त कर लेता है और जो मामूली-सी बात पर नष्ट हो जाता है। कोई भी अपना यश तब तक नहीं गँवाता जब तक अपने को स्वयं ही हारा हुआ नहीं समझता। फिर निश्चय ही तुम जनरल का स्नेह और विश्वास एक बार फिर जीत सकते हो। इस वक्त तो वह तुमसे नाराज़ है, क्योंकि तुमने एक अपराध किया है, और इसलिए तुम्हें निकालने को वह मजबूर हो गया है। लेकिन इसका मतलब यह थोड़े ही है कि उसके दिल में तुम्हारे खिलाफ कोई गहरी रंजिश भी है। यह तो ऐसे समझ लो, जैसे कोई बिफरे हुए शेर को धमकाने को एक मासूम कुत्ते को मार उठा हो।[1] यह तो नीति की बात है। उससे फिर क्षमा माँग लेना और फिर वह तुम्हारा हो जाएगा।

कैसियो : अच्छा यही होगा कि मुझसे घृणा की जाए बजाय इसके कि इतने वीर जनरल के अधीन कार्य करने के लिए मुझ जैसे पूर्णतः अयोग्य, शराबी, नशेबाज़, अफसर रख लेने की प्रार्थना की जाए! शराब पीकर बकना, झगड़ा, हमला करना! और गाली देना! और अपनी छाया को देखकर बहकना! ओ मदिरा की अदृश्य आत्मा! यदि तेरा कोई और विदित नाम न हो तो, ले आ, तुझे स्वयं शैतान कहकर क्यों न पुकारूँ?

इआगो : वह कौन था जिसका तुमने तलवार लेकर पीछा किया था? उसने क्या किया था?

कैसियो : पता नहीं। मैं नहीं जानता।

इआगो : यह कैसे हो सकता है?

कैसियो : मुझे बहुत-सी धुँधली-धुँधली-सी बातें याद हैं। कुछ साफ याद नहीं आता। एक झगड़ा हुआ था और कुछ नहीं। हे भगवान! अपनी ही बुद्धि को नष्ट करने के लिए मनुष्य एक ऐसी वस्तु अपने ही मुख से गले में उतार लेता है कि हर्ष, सुख और आनन्द और मनोरंजन की खोज में भी वह अपने को पशु बना लेता है!

इआगो : किन्तु इस समय बिलकुल ठीक हो। इतनी जल्दी तुम कैसे ठीक हो गए?

कैसियो : एक शैतान की जगह दूसरे ने ले ली है—नशे की जगह गुस्सा आ पहुँचा है। एक अपूर्णता मुझे दूसरे का अनुभव कराती है। यहाँ तक कि मुझे अपने से घोर घृणा हो रही है।

इआगो : अरे तुम तो बड़े नीतिशास्त्री हो! समय, स्थान और परिस्थिति को देखते हुए ऐसा न होता तो कहीं अच्छा होता, किन्तु जब ऐसा हो ही गया है तो अपने बस में जितना है मामले को सुधार लेने की कोशिश करो!

---

1. मोनटानो और कैसियो की तुलना ही यहाँ प्रकट की है।

कैसियो : यदि मैं अपने पद के लिए उससे प्रार्थना करता हूँ तो अवश्य वह मुझसे कह देगा कि मैं नशेबाज़ हूँ। यदि मेरे एक नहीं सौ-सौ मुँह होते तब भी इस अभियोग ने मुझे चुप करा दिया होता। अब अक्ल की बात करूँ, तब मूर्खता की, और फिर एक हैवान बन जाऊँ ऐसे आदमी को कौन अपना विश्वासपात्र बना सकता है? कितना विचित्र है! मदिरा का अगला प्रत्येक चषक अपवित्र है और उसमें सिवाय शैतान के कुछ नहीं रहता।

इआगो : नहीं, यह मत कहो! अच्छी मदिरा यदि उचित मात्रा में ली जाए तो वह एक अच्छे आनन्ददायक मित्र की भाँति है। योग्य लेफ़्टिनेण्ट! उसे दोष न दो! यह तो मैं आशा करता हूँ कि तुम मुझे अपना प्रेमी मानते हो।

कैसियो : इसका तो मैंने प्रमाण उपस्थित किया है। मैं कितनी बार पी गया था!

इआगो : इसमें विचित्र क्या है? तुम या कोई भी एक न एक बार पी ही जाता है। अब मैं तुम्हें इस मामले में बढ़ने की तरकीब बताता हूँ। इस समय हमारे जनरल की पत्नी ही स्वामिनी है, क्योंकि उसने उसका हृदय अपने सद्गुणों तथा सौन्दर्य से पूरी तरह जीत लिया है। तुम उसी से जाकर प्रार्थना करो कि वह तुम्हें फिर तुम्हारा स्थान दिलाए। वह बड़े अच्छे स्वभाव की करुण और विशाल हृदयवाली स्त्री है। वह तो याचना करने पर माँगे हुए से अधिक न देने तक को नीच कार्य समझेगी! उससे प्रार्थना करो कि वही तुम्हारे और उसके पति के बीच की दरार को भर दे! और मैं इस बात पर अपनी सारी सम्पत्ति दाँव पर लगाकर कहता हूँ कि यह जो दरार पड़ी है, भर जाएगी तो ऐसा पक्का सम्बन्ध होगा कि यह दरार तुम्हें बाद में लाभदायक-सी दिखाई देने लगेगी।

कैसियो : सचमुच! सलाह तो बहुत अच्छी है।

इआगो : कसम से, मेरी ईमानदारी और प्रेम पर शक न करो!

कैसियो : मैं भी इसी राय का कायल हूँ। भोर ही में डैसडेमोना से इस कार्य की प्रार्थना करूँगा। सचमुच इस समय यदि भाग्य ऐसे छोड़ जाएगा तो फिर मैं भला कहाँ का रहूँगा?

इआगो : यही तो! गुडनाइट लेफ़्टिनेण्ट! मैं पहरे पर जाता हूँ।

कैसियो : गुडनाइट! मेरे अच्छे इआगो! **(प्रस्थान)**

इआगो : कौन कहेगा कि मैं यह सब करने के कारण नीच हूँ, कुटिल हूँ! क्या मैंने अपनी राय निहायत ईमानदारी और प्रेम से नहीं दी, क्या यही ऑथेलो की कृपा प्राप्त करने का एकमात्र रास्ता नहीं है? दूसरों को मदद देने को तैयार रहने वाली डैसडेमोना को अपने पक्ष में कर लेने के अलावा और कौन-सी आसान तरकीब है? प्रकृति के तत्त्वों के समान ही वह भी अत्यन्त दानशीला है। और जहाँ तक डैसडेमोना की मूर को जीत लेने की बात है, वह भी क्या मुश्किल है? वह चाहे तो उसको अपने पवित्र ईसाई धर्म से ही विमुख कर दे। उसके प्रेम के बन्धन में मूर इतना बँधा हुआ है कि वह चाहे तो उसे बना दे, चाहे तो बिगाड़ दे। कैसियो के भले के लिए यदि मैंने उसे ऐसी राह सुझाई है तो फिर मुझे किस तरह कुटिल

और दोषी ठहराया जा सकता है? नरक के देवताओ! जब शैतान मनुष्य को भयानक पाप करने को प्रेरित करता है तब वह सदैव उन्हें बड़ा साधुवेश धरकर आकर्षित करता है। यही तो मैं भी कर रहा हूँ। मेरी योजना यह है कि जब वह अपने पद पर पुनः नियुक्ति की प्रार्थना लेकर डैसडेमोना के पास जाएगा और वह मूर से उसकी ओर से ज़ोर से सिफारिश करेगी, मैं मूर के दिमाग में यह ज़हर भरूँगा कि डैसडेमोना कैसियो को फिर नियुक्त करवाना चाहती है ताकि वह उससे अपनी वासनाओं की तृप्ति करने का अवसर बदस्तूर पा सके। जितना ही वह कैसियो की ओर से बोलेगी, उतना ही ऑथेलो का विश्वास भी उसके पातिव्रत्य पर से उठता जाएगा। इस प्रकार मैं उसके पवित्र नाम पर बट्टा लगा दूँगा और उसकी अच्छाई में से ही मैं ऐसा फन्दा बना दूँगा जिसमें सबके सब अपने-आप फँस जाएँगे।

(रोडरिगो का प्रवेश)

कहो रोडरिगो! क्या हाल है?

रोडरिगो : इस शिकार की दौड़ में मेरा तो वही हाल है जो शिकार करनेवाले का नहीं बल्कि शोर मचानेवाले, भौंकनेवाले कुत्ते का होता है। मेरा तो धन करीब-करीब समाप्त हो गया। आज रात तो मेरी बेहद पिटाई हुई है। मैं समझता हूँ, अन्त में मुझे ज़रा ज़्यादा अनुभव आ रहा है। पैसा हाथ नहीं, अक्ल ज़रा ज़ोर देकर कहती है कि मेरा वेनिस लौट जाना ही अच्छा है।

इआगो : वे कितने दीन होते हैं जिनमें धैर्य नहीं होता! हर ज़ख्म पूरने के लिए वक़्त लेता है। तुम जानते हो, हम मामूली अक्ल से ही काम लेते हैं, कोई जादू तो जानते नहीं। और बुद्धि तो देखो, क्रमशः अपना विकास प्राप्त करती है। क्या सारी योजना सन्तोषजनक रूप से नहीं चल रही? इसमें कोई शक नहीं कि कैसियो ने तुम्हें मारा है, लेकिन हमने भी ज़रा-सी तकलीफ सहकर कैसियो को नौकरी से निकलवा दिया है। माना कि हर वस्तु सूर्य के आलोक में ही पनपती-बढ़ती है, लेकिन देखो न, जो फल पहले लगते हैं, वे ही पहले पकते भी है। तनिक सन्तोष से काम लो। भगवान कसम! सुबह हो गई। आनन्द और कार्य में रत मनुष्य को समय बीतता हुआ पता भी नहीं चलता। अब तुम जाओ, जहाँ तुम्हें जाना है। बाकी तुम्हें फिर पता चल जाएगा। जाओ, अब जल्दी से चले जाओ।

(रोडरिगो का प्रस्थान)

अब मुझे दो काम करने हैं। एक तो मुझे अपनी स्त्री को कैसियो की ओर से बोलने को डैसडेमोना के पास भेजना है। दूसरे मुझे तब तक ऑथेलो को दूर रखकर, ठीक तभी बीच में लाना चाहिए जब उसे डैसडेमोना से प्रार्थना करता हुआ कैसियो दिखाई दे। यही रास्ता ठीक है। योजना को विलम्ब और अकर्मण्यता से विनष्ट नहीं करना चाहिए।

(प्रस्थान)

तीसरा अंक

दृश्य 1

(दुर्ग के सामने)

(कैसियो तथा कुछ गायकों का प्रवेश; साथ में विदूषक हैं।)

कैसियो : उस्तादो! यहाँ गाइए! मैं आपके परिश्रम के लिए आपको संतुष्ट कर दूँगा। जनरल के स्वागत में एक छोटी-सी तान छेड़ दीजिए!

(संगीत)

विदूषक : वाह उस्तादो, क्या आपके बाजे नेपल्स होकर आए हैं कि वे नाक के सुर से अलाप रहे हैं?

एक संगीतज्ञ : कैसे जनाब?

विदूषक : क्या ये सब हवाई बाजे हैं?

एक संगीतज्ञ : मेरी की कसम, आप ही जो बताएँ?

विदूषक : अरे इसमें तो एक किस्सा है। यह लो उस्तादो! अपना इनाम! जनरल आपके संगीत से इतने खुश हो गए हैं कि मुहब्बत की खातिर वे चाहते हैं कि आप अब और शोरगुल न करें।

एक संगीतज्ञ : अच्छी बात है जनाब! हम चुप हैं।

विदूषक : अगर आपके पास कोई ऐसा संगीत हो जो सुनाई न दे तो उसे छेड़ दें! जनरल उस संगीत को पसन्द नहीं करते जो सुनाई दे जाता है।

एक संगीतज्ञ : माफ कीजिए! ऐसा कोई संगीत हमारे हुनर में नहीं।

विदूषक : तो अपने बाजे अपने थैलों में रखिए और हवा में गायब हो जाइए!

(संगीतज्ञों का प्रस्थान)

कैसियो : सुनते हो मेरे अच्छे दोस्त!

विदूषक : नहीं, मैं तुम्हारे अच्छे दोस्त को नहीं सुनता! मैं तुम्हें सुनता हूँ।

कैसियो : भई, यह चकल्लस बन्द करो। यह लो तुम्हारे लिए सोने का एक मामूली सिक्का है। अगर तुम्हें वह महिला जगी हुई मिले जो कि तुम्हारी स्वामिनी की सेवा में नियुक्त है, तो ज़रा जाकर उससे कह दो कि कैसियो नाम का एक आदमी तुमसे बात करने की प्रार्थना करता है। मेरे लिए यह काम कर दोगे?

विदूषक : ज़रूर! अगर वह जाग गई होगी, और इधर आएगी तो मैं कह दूँगा।

कैसियो : बहुत अच्छे हो तुम।

(विदूषक का प्रस्थान; इआगो का प्रवेश)

खूब समय से आए इआगो?

इआगो : तो क्या रात तुम सोए ही नहीं?

कैसियो : नहीं। जब हम एक-दूसरे से अलग हुए थे तभी भोर हो गई थी। मैंने तुम्हारी पत्नी को बुलवाने का साहस किया है। मेरी इच्छा है कि वह किसी तरह मुझे दयालु डैसडेमोना के समीप पहुँचा दे।

इआगो : मैं अभी उसे तुम्हारे पास भेजता हूँ, और मैं ऐसी तरकीब भी निकालूँगा कि तब तक मूर बीच से अलग हो जाए जब तक तुम आज़ादी से अपनी बात कह सको।

कैसियो : मैं इसके लिए तुम्हारा बड़ा आभारी होऊँगा।

(इआगो का प्रस्थान)

मैंने कभी फ्लोरेंसवासी को इतना दयालु और ईमानदार नहीं देखा।

(इमीलिया का प्रवेश)

इमीलिया : नमस्कार लेफ्टिनेण्ट! मुझे तुम्हारे प्रति स्वामी के असंतोष की बात जानकर बहुत दुःख हुआ, परन्तु विश्वास रखो, मुझे आशा है सब ठीक ही होगा, जनरल और उनकी पत्नी इसी विषय पर बात-चीत कर रहे हैं और देवी तुम्हारी ओर से ज़ोर देकर कह रही हैं। किन्तु मूर का कहना है कि जिस व्यक्ति को तुमने घायल किया है वह साइप्रस का एक बड़ा प्रभावशाली और महत्त्वपूर्ण व्यक्ति है और राजनीति के दृष्टिकोण से वे तुम्हें निकालने के अतिरिक्त और कुछ कर भी नहीं सकते थे। फिर भी उन्होंने तुम्हारे प्रति अपने प्रेम को स्वीकार किया है और तुम्हें तुम्हारे पद को पुनः प्राप्त कराने की चेष्टा में वे सबसे पहला अवसर प्राप्त करते ही अपनी पसन्द को ही सबसे अधिक स्थान देंगे, और किसी के सिफारिश करने की ज़रूरत ही क्या है।

कैसियो : फिर भी मैं तुमसे प्रार्थना करता हूँ, अगर तुम बुरा न मानो तो, और हो सके तो मुझे डैसडेमोना से एकान्त में बातें करने का कुछ सुयोग अवश्य दोगी।

इमीलिया : आइए! भीतर आ जाएँ! मैं आपको ले चलती हूँ जहाँ आपको उनसे किसी

तरह की रुकावट के बिना बातचीत करने का, अपनी बात कहने का काफी समय मिलेगा।

कैसियो : इसके लिए मैं सचमुच आपका बहुत आभारी होऊँगा। (**प्रस्थान**)

दृश्य 2

(दुर्ग का एक प्रकोष्ठ)

(ऑथेलो, इआगो और अन्य नागरिकों का प्रवेश)

ऑथेलो : हरकारे को इन पत्रों को दे दो और उसके द्वारा सिनेट को मेरा अभिवादन भिजवा दो! इसके बाद मुझसे दुर्ग प्राचीर पर मिलना, मैं वहीं जा रहा हूँ।

इआगो : जो आज्ञा स्वामी! मैं अभी करता हूँ।

ऑथेलो : अच्छा महोदयो! क्या हम इस सुरक्षा-प्राचीर की ओर चलें?

नागरिक : हम श्रीमान की सेवा में साथ रहेंगे।

(**प्रस्थान**)

दृश्य 3

(दुर्ग का उद्यान)

(डैसडेमोना, कैसियो और इमीलिया का प्रवेश)

डैसडेमोना : विश्वास रखो कैसियो! मैं तुम्हारी ओर से जितना कुछ कह सकूँगी, अवश्य कहूँगी।

इमीलिया : यही करें देवी! इस विषय में मेरे पति भी बड़े दुःखी हुए हैं, ऐसे—जैसे यह आपत्ति उन्हीं पर पड़ी हो।

डैसडेमोना : निश्चय ही तुम्हारे पति बड़े ईमानदार हैं। इसमें सन्देह मत करो कि मैं तुम्हें अपने स्वामी के विश्वास और मैत्री का पात्र बनाने में कुछ उठा रखूँगी।

कैसियो : ओ दयालु देवी! मुझे चाहे जो कुछ हो जाए, मैं सदैव आपका वफादार और सच्चा सेवक बना रहूँगा।

डैसडेमोना : हाँ-हाँ, इसके लिए मैं तुम्हें धन्यवाद देती हूँ। तुम अवश्य ही मेरे पति से परिचित हो। तुम बहुत दिनों तक उनके साथ रहे हो और मैं देखूँगी कि राजनीति की आवश्यकता से अधिक वे तुम्हारे प्रति उपेक्षा-भाव नहीं रखेंगे।

कैसियो : किन्तु राजनीति के मामले तो उन्हें न जाने कितने दिन मुझसे दूर रखेंगे; हो सकता है कि कुछ कल्पित और आधारहीन घटनाएँ बन जाएँ या आवश्यकता

से अधिक तूल दिया जाए कि मेरी अनुपस्थिति में मेरी जगह ही भर जाए और जनरल अपने प्रति मेरे प्रेम और मेरी अतीत को सेवाओं को ही भूल जाएँ।

डैसडेमोना : इस विषय में ऐसी आशंकाएँ मत करो! इमीलिया के सामने मैं यह दृढ़ प्रतिज्ञा करती हूँ कि तुम्हें तुम्हारा पद पुनः प्राप्त होगा। यदि मैं मैत्री-भाव से वचन देती हूँ तो सदैव उसका अक्षरशः पालन भी करती हूँ। मैं अपने पति को चैन नहीं लेने दूँगी, मैं उन्हें सोने नहीं दूँगी, जब तक वे मान न जाएँ, और तब तक इस विषय पर बातें करूँगी जब तक वे स्वीकार ही न कर लें। शय्या पर मैं उनसे एक शिक्षक के समान बातें करूँगी। भोजन के समय मैं उस स्थान को पश्चात्ताप की भूमि बना दूँगी। जो कुछ वे करते हैं हर जगह कैसियो का मामला घुल-मिल जाएगा। इसलिए चिन्ता छोड़ दो, क्योंकि तुम्हारी वकील मैं मर भले ही जाऊँ, लेकिन तुम्हारी बात को भूलूँगी नहीं।

(कुछ दूरी पर ऑथेलो और इआगो का प्रवेश)

इमीलिया : श्रीमती! स्वामी आ रहे हैं।

कैसियो : देवी! मुझे आज्ञा दें!

डैसडेमोना : क्यों? डरो न! तुम भी सुनो, मैं उनसे कहती हूँ।

कैसियो : देवी! इस समय नहीं। मैं बहुत परेशान हूँ। अपने कार्य को भी प्रस्तुत नहीं कर सकूँगा।

डैसडेमोना : अच्छी बात है, जैसा तुम चाहो।

(कैसियो का प्रस्थान)

इआगो : हूँ! मुझे यह पसन्द नहीं।

ऑथेलो : क्या कहते हो?

इआगो : कुछ नहीं स्वामी, अथवा यदि...मैं नहीं जानता क्या है यह सब!

ऑथेलो : क्या वह जो मेरी पत्नी के पास से गया है, कैसियो ही नहीं था?

इआगो : कैसियो! स्वामी! नहीं, हाँ पता नहीं, समझ में नहीं आता, वह क्यों ऐसे अपराधी की भाँति चुपचाप सरक जाता...आपको आते देखकर?

ऑथेलो : मेरे ख्याल से वही था...

डैसडेमोना : आइए स्वामी! मैं अभी एक प्रार्थी से बात कर रही थी, एक आदमी आपकी नाराज़गी से बहुत ही दुःखी हो गया है।

ऑथेलो : तुम्हारा मतलब किससे है?

डैसडेमोना : क्यों? आपका लेफ्टिनेण्ट कैसियो था। मेरे प्रिय स्वामी! यदि मुझमें आपको प्रभावित करने की कुछ भी शक्ति है तो उसकी इस वेदना को देखकर उसका समर्पण स्वीकार करिए, क्योंकि यदि वह आपको सच्चे हृदय से प्यार करनेवाला नहीं है, जिसने अज्ञान से भूल की है, चालाकी से नहीं, तो मैं भी किसी चेहरे को देखकर

उसकी ईमानदारी को नहीं पहचानती। मैं विनय करती हूँ, आप उसे फिर बुला लें।

ऑथेलो : क्या वही यहाँ से अभी-अभी गया था?

डैसडेमोना : हाँ, वही था और वह इतना दुःखी और लज्जित था कि उसके दुःख को मैंने भी अनुभव किया है। स्वामी, उसे फिर बुला लें।

ऑथेलो : अभी नहीं, प्रिये डैसडेमोना! फिर कभी!

डैसडेमोना : किन्तु शीघ्र ही न?

ऑथेलो : प्रिये! जितनी शीघ्रता से हो सके उतनी ही। तुम्हारे लिए निश्चय!

डैसडेमोना : आज रात भोजन के समय?

ऑथेलो : नहीं, आज रात नहीं।

डैसडेमोना : तो कल भोजन के समय?

ऑथेलो : मैं घर खाना नहीं खाऊँगा। मुझे दुर्ग में कप्तानों के साथ खाना है।

डैसडेमोना : तो फिर कल रात, या मंगलवार की सुबह सही, या मंगल की दुपहर या रात, या बुध की दुपहर। मैं प्रार्थना करती हूँ, समय बता दीजिए। लेकिन तीन दिन से ज़्यादा न कहें। सच कहती हूँ, वह वास्तव में बड़ा पश्चात्ताप कर रहा है। आमतौर पर देखने में आपकी नज़र में उसकी नशेबाज़ी का कसूर, सिवाय इसके कि युद्धकाल में अच्छे से अच्छे आदमी को भी मिसाल पेश करने के लिए सज़ा देनी ही चाहिए, ऐसा कोई कसूर भी नहीं है कि उसे आपकी ओर से इतनी कड़ी सजा मिले। बताइए? वह कब आए? ऑथेलो! सच कहिए! मुझे ताज्जुब होता है कि क्या ऐसी भी कोई बात है जो आप मुझसे करने को कहें और मैं ऐसे ही उसके उत्तर में अनिश्चित-सी रह जाऊँ? वही माइकिल कैसियो, जो आपकी ओर से कितनी ही बार प्रेम सन्देशे पहुँचाने आया था, मैंने अनेक बार जब आपके बारे में ऐसी बातें कीं, जैसे मैं आपको महत्त्व न देती होऊँ, वही आपकी ओर से बोलता था। सच, मुझे बड़ा अचरज होता है यह सोच-सोचकर कि आज मुझे उसी व्यक्ति को फिर से उसका पद दिलाने के लिए इतना अनुनय करना पड़ रहा है। सच कहती हूँ, इतना तो मैं ही आसानी से कर सकती थी।

ऑथेलो : मैं कहता हूँ बस करो! जब वह चाहे उसे बुला लो! मैंने तो तुमसे कुछ भी इंकार नहीं किया।

डैसडेमोना : यह मैं तुमसे ऐसी कोई बहुत बड़ी चीज़ तो नहीं माँग रही? यह तो ऐसे ही समझो जैसे मैं तुमसे तुम्हारे दस्ताने पहन लेने की प्रार्थना कर रही होऊँ, या कहूँ कि अच्छा भोजन करिए, सर्दी में कपड़े पहनिए, या कहूँ कि इसमें आपका लाभ है, इसे अवश्य करिए! नहीं! जब मैं आपसे कुछ विशेष प्रार्थना करूँगी जिसमें मैं आपके प्रेम की परीक्षा करूँगी, तो वह सचमुच कोई बहुत बड़ी बात होगी और शायद स्वीकार करते हुए आपको भय भी होगा।

ऑथेलो : मैं तुम्हें कुछ भी मना नहीं करूँगा। अब तनिक मुझे कुछ समय के लिए एकान्त में रहने दो!

डैसडेमोना : मैं कब मना करती हूँ। मैं जाती हूँ स्वामी!

ऑथेलो : जा रही हो डैसडेमोना! मैं बस सीधा तुम्हारे पास ही आता हूँ।

डैसडेमोना : चलो इमीलिया (*पति से*) आप जैसा ठीक समझें करें! मैं तो सदैव आपका ही अनुसरण करूँगी।

(डिसडेमोना और इमीलिया का प्रस्थान)

ऑथेलो : आह, कितनी प्यारी है! भले ही मेरी आत्मा का नाश हो जाए, किन्तु मैं तुझसे प्रेम करता हूँ और जब मैं तुझसे प्रेम करना छोड़ दूँगा, संसार में प्रलय आ जाएगी।

इआगो : मेरे वीर स्वामी...

ऑथेलो : क्या कहते हो इआगो?

इआगो : क्या जब आप श्रीमती से विवाह से पूर्व प्रेम कर रहे थे, माइकिल कैसियो सब कुछ जानता था?

ऑथेलो : शुरू से आखिर तक...सब जानता था...क्यों क्या बात है?

इआगो : नहीं, अपने एक विचार को संपुष्ट करने के लिए; और कोई बात नहीं थी।

ऑथेलो : ऐसा कौन-सा विचार था इआगो?

इआगो : मैं समझता था तब वह उन्हें नहीं जानता था।

ऑथेलो : अरे, वह तो हम दोनों के बीच अक्सर सन्देश लाता-लिवाता था।

इआगो : सचमुच!

ऑथेलो : बिल्कुल! उसमें तुम क्या देखते हो? क्या वह ईमानदार नहीं है?

इआगो : ईमानदार! स्वामी?

ऑथेलो : ईमानदार! हाँ, ईमानदार!

इआगो : स्वामी! यदि मैं कुछ जानता!

ऑथेलो : क्यों, तुम क्या सोचते हो?

इआगो : स्वामी! सोचता हूँ!

ऑथेलो : (*स्वगत*) स्वामी! सोचता हूँ!! ईश्वर देखे, यह तो मेरे ही शब्दों को दुहरा रहा है, जैसे इसके मस्तिष्क में कोई भयानक विचार है, इतना भयानक कि प्रकट नहीं किया जा सकता। तुम्हारा कुछ मतलब अवश्य है। (*प्रकट*) मैंने अभी तुम्हें यह कहते सुना था कि तुम इसे पसन्द नहीं करते। जब कैसियो मेरी पत्नी के पास से गया था तब तुम्हें क्या पसन्द नहीं आया था? और जब मैंने कहा कि मेरे सारे प्रेम-परिणय-काल में वह मेरा विश्वासपात्र था तब तुम बड़बड़ा उठे। सचमुच! जब तुमने यह शब्द कहा था तब तुम्हारी भौंहें ऐसी संकुचित हो गई थीं जैसे तुम अपने मस्तिष्क में कोई भयानक विचार छिपाने का प्रयत्न कर रहे थे। यदि तुम्हें मेरे प्रति कुछ स्नेह है तो मुझसे अपने विचार प्रकट कर दो!

इआगो : स्वामी! जानते हैं मैं आपसे प्रेम करता हूँ?

ऑथेलो : मैं जानता हूँ तुम करते हो! मैं जानता हूँ तुम ईमानदार, वफादार और प्रेमी

हो और बोलने के पहले सोच लेते हो, और इसीलिए तुम्हारी यह झिझक मुझे और भी ज़्यादा डरा रही है। किसी भी बदमाश और धोखेबाज़, झूठे आदमी में यह मामूली चालबाज़ियाँ मानी जातीं, किन्तु एक ईमानदार आदमी में यही मन की गहराई में उतरी हुई हिचकिचाहट जो भावना की चपेट में बाहर निकलती, दूसरा ही साक्ष्य प्रस्तुत करती है।

इआगो : मैं माइकिल कैसियो के लिए तो कसम खाकर कह सकता हूँ कि वह ईमानदार है।

ऑथेलो : मैं भी यही सोचता हूँ।

इआगो : आदमी को वही होना चाहिए जो कि वह दिखाई दे। यदि वे ऐसे नहीं दिखाई देते तो अवश्य ही वे मानवता को धोखा दे सकते हैं।

ऑथेलो : अवश्य ही मनुष्य को वही होना चाहिए जो वे दिखाई दें।

इआगो : तब तो कैसियो को भी ईमानदार होना चाहिए क्योंकि वह दिखाई तो ऐसा ही देता है।

ऑथेलो : नहीं-नहीं, तुम्हारा मतलब इससे कुछ ज़्यादा ही है। बताओ! मुझसे सब मन की बात कहो, अपने हृदय की भीतरी बात मुझसे कहो, साफ-साफ, कुछ भी छिपाना नहीं, चाहे कैसी बुरी क्यों न हो।

इआगो : मेरे श्रेष्ठ स्वामी, मुझे क्षमा करें! मैं हर प्रकार से आपकी सेवा करने को कर्तव्य के नाते बँधा हुआ हूँ, किन्तु जो दास तक नहीं करते, हृदय के वे आन्तरिक भाव प्रकट करने को बाध्य नहीं हूँ। यही मान लीजिए, कि मेरे भाव गन्दे हैं, कुटिल हैं, बुरे हैं, झूठ हैं और विशाल और महान से महान मस्तिष्क में भी कुटिल विचार घुस सकते हैं। ऐसा कौन-सा मस्तिष्क है जिसमें कभी भी कुविचारों ने अपना राज्य नहीं किया, भले ही वह साधारण रूप में कैसा भी चिन्तन क्यों न करें?

ऑथेलो : इसका मतलब यह कि तुम मेरे विरुद्ध षड्यन्त्र कर रहे हो, और मेरे खास दोस्त होकर! अगर तुम समझते हो कि मेरे साथ इतनी ही बुराई की गई है, तो भी मुझसे तुम इतना रहस्य बनाए हुए हो?

इआगो : हो सकता है मैं अपने विचार में गलत होऊँ। मैं जानता हूँ कि मेरी प्रकृति में बुराई देखने की प्रवृत्ति अधिक है और बहुधा मेरी ईर्ष्या मुझे ऐसी कमियाँ देखने की ओर झुकाती है जो वास्तव में होती भी नहीं। फिर भी मैं अनुनय करता हूँ कि आपकी बुद्धिमत्ता एक ऐसे व्यक्ति पर ध्यान नहीं देगी, जो कि अपने बिखरे हुए अनिश्चित वाक्यों से आपको कष्ट दे रहा है और स्वयं अधकचरे चिन्तन में ही पड़ा रहता है। अतः यह आपकी मानसिक शान्ति के लिए ठीक नहीं है, न आपके भले के लिए ही है, न मेरे पौरुष के लिए आत्मविश्वास और बुद्धि के लिए ही उचित है कि आप मेरे आन्तरिक भावों की जानकारी प्राप्त करें।

ऑथेलो : तुम्हारा क्या मतलब है?

इआगो : अच्छा काम निस्संदेह प्रत्येक के लिए बहुमूल्य कोष होता है। जो मेरे धन

के बटुए को चुराता है वह तो साधारण मूल्य की वस्तु चुराता है, मामूली चीज़ है वह तो! पहले मेरी थी, फिर उसकी हो गई। धन तो हज़ारों के प्रयोगों में आता है। लेकिन जो मेरे अच्छे नाम को चुराता है वह तो मुझे ऐसी चीज़ से लूट लेता है जिससे उसका कुछ बनता नहीं, लेकिन मैं तो कहीं का नहीं रहता।

ऑथेलो : ईश्वर की सौगन्ध! मुझे अपने विचार बताओ न!

इआगो : यदि मेरा हृदय आपके सामने खुला रखा रहे तब भी आप पता नहीं चला सकते। तब तक, जब तक मेरा हृदय मेरे वक्ष में है उसके भावों का पता चलाना असम्भव ही है।

ऑथेलो : उफ़!

इआगो : आह मेरे प्रभु! हरी आँखोंवाली राक्षसी ईर्ष्या से सावधान रहिए। यह उस व्यक्ति का उपहास करती है जो अपने मस्तिष्क को इसके सामने समर्पित कर देता है। यह उसकी वेदनाग्रस्त भावनाओं से निर्मम क्रीड़ा करती है। सन्देह से निरन्तर वह उसको छलती रहती है। जो व्यक्ति जानता है कि उसे उसकी ऐसी पत्नी ने अपमानित, अनादृत किया है, जिसकी वह तनिक भी चिन्ता नहीं करता, वह अवश्य उस व्यक्ति की तुलना में सुखी है जो अपनी पत्नी से बहुत प्रेम करता है, किन्तु फिर भी उसपर सन्देह करता है और फिर उसे अत्यन्त चाहता है।

ऑथेलो : आह अभिशाप!

इआगो : सन्तोषमय दारिद्र्य भी धन है, अनंत धन भी शीत-ऋतु की भाँति दारिद्र्य है यदि सदैव यह भय बना रहे कि कहीं यह धन चला न जाए। हे परमेश्वर! मानव-मात्र की ईर्ष्या से रक्षा करो।

ऑथेलो : क्यों, ऐसा क्यों है? क्या तुम समझते हो कि चन्द्रमा की बढ़ती कलाओं के परिवर्धित रूप जैसे ईर्ष्या के परिवर्धित स्वरूप को देखते-देखते ही मेरा जीवन भी व्यतीत होगा? नहीं! एक बार सन्देह में पड़ना अनिश्चय से मुक्ति प्राप्त करने के समान है। मुझे तुम पशु समझना यदि मैं तुम्हारे विचित्र काल्पनिक विचारों को गाम्भीर्य से प्रश्रय दूँ। मुझे इसमें ईर्ष्या नहीं होती कि मेरी पत्नी सुन्दरी है, अच्छा भोजन करने की शौकीन है, समाज में मिलती-जुलती है, खूब बातें करती है, गाती है, खेलती है, नाचती है। जब स्त्री पतिव्रता होती है यह सब बातें तो उसकी अच्छाइयों में चार चाँद लगाती हैं; न मैं यही सोचता हूँ कि मुझमें बहुत कम गुण हैं, इसीलिए वह मेरे प्रति ईमानदार नहीं रहेगी। उसने अपनी आँखें खोलकर मुझे अपने प्रेमी के रूप में चुना था। नहीं इआगो! सन्देह करने से पूर्व मैं देखूँगा और सन्देह करूँगा तो प्रमाण चाहूँगा और प्रमाण मिलते ही प्रेम या ईर्ष्या को सदा के लिए विदा कर दूँगा।

इआगो : मुझे यह सुनकर प्रसन्नता होती है, क्योंकि अब मुझे आपको स्पष्टतया अपना प्रेम और कर्तव्य दिखाने का सुयोग मिलेगा। अतः अपने प्रति प्रेम के रूप में सुनिए! अभी मुझे इसका प्रमाण नहीं मिला है। मैं केवल यही इशारा करता हूँ कि आप

अपनी पत्नी पर दृष्टि रखें और जब वह कैसियो के साथ हो उसे ध्यान से देखें। ऐसा व्यवहार करिए जैसे न आप ईर्ष्यालु हैं, न ऐसे रहें कि कुछ भी होता रहे, हमें क्या परवाह। उसे देखिए, किन्तु उसे न जानने दीजिए कि आप क्या कर रहे हैं। मैं यह स्वीकार नहीं करूँगा कि आपका महान और पवित्र तथा कुलीन स्वभाव किसी प्रकार भी प्रताड़ित हो जाए। मैं अपने देश की स्त्रियों के स्वभाव को जानता हूँ। वेनिस में तो वे परमात्मा से भी उन चालबाज़ियों को नहीं छिपातीं जिन्हें अपने पति को कभी मालूम भी नहीं होने देतीं। उनका सबसे बड़ा ध्येय पाप से बचे रहना नहीं, बल्कि यह होता है कि कहीं पकड़ी न जाएँ।

ऑथेलो : यह तुम कहते हो?

इआगो : उसने अपने पिता को धोखा देकर आपसे विवाह किया। और जब वह आपके रंग से, आपके रूप से डरती हुई दिखाई दी उस समय उसने आपसे अत्यन्त प्रेम किया।

ऑथेलो : सच! वह यही करती थी।

इआगो : तो क्या आप इसका स्वाभाविक अन्त भी नहीं निकाल सकते? इतनी कम उम्र में तो उसने अपने पिता की आँखों में धूल झोंक दी कि वह अन्त तक इसे जादू ही समझता रहा। मैं क्या करूँ, आपके प्रति मेरा स्नेह सब कहलवाए दे रहा है!

ऑथेलो : मैं सदा-सदा के लिए तुम्हारा आभारी रहूँगा।

इआगो : मुझे लगता है कि मेरी बात ने आपको गड़बड़ में डाल दिया है।

ऑथेलो : बिलकुल नहीं, रत्ती-भर भी नहीं।

इआगो : मुझे डर है कि असर हो गया है। मुझे आशा है कि जो भी मैंने कहा है उसे आप मेरे प्रेम का ही परिणाम समझेंगे। आप विचलित हो गए हैं। नहीं-नहीं, आप मेरी बात पर इतना ध्यान न दें, इतनी गम्भीरता से न लें उसे। यह तो केवल सन्देह है। इन्हें किसी प्रकार से तथ्य समझकर ऐसा महत्त्व न दें।

ऑथेलो : हाँ! मैं ऐसा नहीं कर रहा।

इआगो : प्रभु, यदि आप ऐसा करेंगे तो मेरी जीभ से निकली बातों का इतना बुरा परिणाम निकलेगा कि जिसकी मैंने आशा भी नहीं की थी। कैसियो मेरा सम्माननीय, योग्य और प्रिय मित्र है। मेरे स्वामी! आप पर न जाने क्या प्रभाव पड़ गया है!

ऑथेलो : नहीं, मुझपर कोई प्रभाव नहीं पड़ा। मैं तो डैसडेमोना को अच्छी और ईमानदार के अतिरिक्त और कुछ नहीं मानता।

इआगो : वह ऐसी सदैव रहें! और आप भी सदैव यही सोचते रहें!

ऑथेलो : और फिर भी मैं सोचता हूँ कि प्रकृति अपने स्वाभाविक पथ को छोड़कर किस प्रकार...

इआगो : हाँ, यही तो असली बात है। अब स्पष्ट कह दूँ। अपनी स्वाभाविक सहज प्रकृति छोड़ सकी वह कि उसने अपनी ही जाति, देश और वर्ण के, उन समस्त

गुणों से युक्त जिनके प्रति कि उसका आकर्षण था—कुलीन पुरुषों का त्याग कर दिया। धिक्कार है! और यही एक अत्यन्त अप्राकृतिक, अनहोनी-सी अस्वाभाविक बात दिखाई देती है। किन्तु क्षमा करें, मेरा कथन तो एक सर्वसाधारण के लिए है और डैसडेमोना के प्रति केन्द्रित नहीं है। यद्यपि मुझे आशंका है कि उसका रुख, अपनी बुद्धि में स्थिरता पाने पर बदला, और उसने अपने देशवासियों से आपकी तुलना की और सम्भवतः इस विवाह पर खेद हुआ, पश्चात्ताप ही हुआ।

ऑथेलो : विदा! विदा! अगर कुछ और देखो तो मुझे बताना। अपनी स्त्री से कहना कि हर बात को गौर से देखती रहे। अब मुझे छोड़ जाओ।

इआगो : मेरे स्वामी, मुझे आज्ञा दें। (*प्रस्थान*)

ऑथेलो : आह! मैंने विवाह ही क्यों किया! यह ईमानदार आदमी और भी, निश्चय से, बहुत कुछ जानता है, जो यह बतलाता नहीं।

इआगो : (*लौटकर*) स्वामी! मैं प्रार्थना करता हूँ कि आप इस विषय को यहीं रोक दें और खोजबीन न करें! अभी रुकें और देखें कि क्या-क्या होता है? इसमें शक नहीं कि कैसियो को उसका पद फिर देना चाहिए क्योंकि वह उसके योग्य है, फिर भी कुछ दिन के लिए अभी इस नियुक्ति का साधन नहीं समझता। आप इस पर भी ध्यान दें कि कहीं डैसडेमोना कैसियो की नियुक्ति के लिए बहुत ज़्यादा ज़ोर तो नहीं देती। इसी से सारा मामला स्पष्ट हो जाएगा। इस दौरान में मुझे डर है और मुझे डरने के कारण भी है, क्योंकि जहाँ तक मैं समझता हूँ, यह सब व्यर्थ का सन्देह ही प्रमाणित होगा। डैसडेमोना पवित्र हैं। यही मेरी प्रार्थना है।

ऑथेलो : तुम इस बात से मत डरो कि मैं आत्मसंयम खो बैठूँगा।

इआगो : तब मैं चलूँ! (*प्रस्थान*)

ऑथेलो : यह व्यक्ति बहुत ही ईमानदार और मनुष्य-चरित्र की गहराइयों को जानता है। यदि मैं उसे दुश्चरित्र पाता हूँ तो निश्चय ही उससे सम्बन्ध-विच्छेद कर लूँगा और यद्यपि इसमें मेरा हृदय विदीर्ण हो जाएगा, मैं उसे जीवन के क्षेत्र में जुटने के लिए अकेला छोड़ दूँगा। सम्भवतः मैं कला ही नहीं, वे गुण भी नहीं जानता जिनसे ये सुन्दरियाँ प्रभावित होती हैं, और फिर मेरी उम्र भी तो ढलान पर आ गई है। पर फिर भी ये सब मामूली बातें हैं। जहाँ तक मेरा सवाल है, मैं तो उसे खो ही चुका हूँ। मुझे धोखा दिया गया है और मुझे तो उससे घृणा करके ही सान्त्वना मिल सकती हैं। मैं एक मेंढ़क बनकर अन्धेरे और गन्दगी में रहना पसन्द करूँगा, न कि ऐसी स्त्री के साथ जो अन्यों से प्रेम करती है। और यह बड़े लोगों के साथ कितना बड़ा अभिशाप है कि छोटे लोगों की भाँति वे पीड़ा और दुःखों से मुक्त नहीं रहते। यह भाग्य तो भृत्यों की भाँति अवश्यम्भावी हैं; मेरी स्त्री परपुरुष से प्रेम करे! यह लो! वह फिर आ रही है।

(डैसडेमोना और इमीलिया का प्रवेश)

यदि यह विश्वासघातिनी है तब ईश्वर ने नारी को अपनी आकृति में निर्माण करके अपना अपमान ही किया है। मैं इस पर विश्वास नहीं करता।

डैसडेमोना : ऑथेलो! तुम्हारे आमन्त्रित कुलीन द्वीपवासी प्रतीक्षा कर रहे हैं। भोजन तैयार है।

ऑथेलो : उफ़ ! मुझसे भूल हो गई।

डैसडेमोना : कैसी बात कर रहे हो? क्या तबीयत ठीक नहीं है?

ऑथेलो : मेरे सिर में दर्द हो रहा है।

डैसडेमोना : जागने के कारण ही हुआ है। अभी ठीक हो जाएगा। लाओ, मैं तुम्हारे सिर पर कपड़ा कसकर बाँध दूँ, घण्टे-भर में चला जाएगा।

ऑथेलो : नहीं, तुम्हारा रूमाल तो बहुत छोटा है।

(ऑथेलो रूमाल को हटाता है। रूमाल गिर जाता है।)

रहने दो! मैं चलता हूँ तुम्हारे साथ।

डैसडेमोना : हाय! तुम्हारी तबीयत को न जाने क्या हो गया!

(ऑथेलो और डैसडेमोना का प्रस्थान)

इमीलिया : मुझे इसी का हर्ष है कि मुझे यह रूमाल मिल गया। डैसडेमोना को यह ऑथेलो का पहला प्रेमोपहार है। मेरे पति ने बहुधा मुझसे इसे चुराने को कहा था, किन्तु वह इसे इतना प्रेम करती है कि कभी नहीं छोड़ती। ऑथेलो ने भी तो उसे इसे ठीक से रखने को कह रखा है। तभी तो वह इसे इतना सहेजे रहती है कि कभी इसे चूमती है, कभी इससे बातें करती है। मैं इसके रंग-रूप की नकल करवा लूँगी और इआगो को दे दूँगी। पता नहीं वह इसका क्या करेंगे। जो हो, वे खुश होंगे, मैं तो इसीलिए यह काम कर रही हूँ।

(इआगो का प्रवेश)

इआगो : क्यों? यहाँ अकेली क्या कर रही हो?

इमीलिया : अब मत डाँटना! मेरे पास तुम्हारे लिए एक चीज़ है।

इआगो : मेरे लिए एक चीज़? होगी कोई ऐसी-वैसी...

इमीलिया : हाय!

इआगो : कैसी मूर्ख पत्नी है?

इमीलिया : बस यही! लो, इस रूमाल के बदले में मुझे क्या दोगे?

इआगो : कैसा रूमाल?

इमीलिया : कैसा रूमाल! वही जो ऑथेलो ने डैसडेमोना को पहले-पहल दिया था, वही जो तुम मुझसे अक्सर चुरा लेने को कहते थे।

इआगो : क्या तुमने उसे चुरा लिया है?

इमीलिया : नहीं, उससे अनजाने ही यह गिर गया था और किस्मत से क्योंकि मैं वहाँ थी, मैंने इसे उठा लिया। यह देखो, यह रहा?

इआगो : शाबाश! लाओ, मुझे दो!

इमीलिया : तुम इसका क्या करोगे कि मुझसे बार-बार इसको लाने के लिए कहा करते थे?

इआगो : *(छीनकर)* तुम्हें उस सबसे क्या?

इमीलिया : यदि तुम्हारे लिए इसका कोई विशेष महत्त्व नहीं है तो मुझे लौटा दो! अगर उसे नहीं मिलेगा तो सचमुच पागल हो जाएगी।

इआगो : यह न कहना कि तुम्हें इसके बारे में कुछ भी पता है। मुझे इससे बहुत काम है। तुम जाओ, मुझे सोचने दो!

(इमीलिया का प्रस्थान)

मैं इस रूमाल को कैसियो के निवास-स्थान पर छोड़ आऊँगा और उसे यह मिलेगा। ईर्ष्यालु प्रकृति के लोगों के लिए बहुत ही साधारण बातें भी शास्त्रों की भाँति प्रमाण बन जाती हैं। इस रूमाल का गहरा प्रभाव पड़ सकता है। मेरे विषैले तर्कों से ऑथेलो फुँक ही रहा है। भयानक विचार तो वास्तव में विष की भाँति ही होते हैं। पहले तो पता नहीं चलता कि उनमें क्या भयानकता है किन्तु कुछ ही समय के बाद जब वे रक्त पर अपना प्रभाव डालते हैं तब गन्धक की भाँति सुलग उठते हैं। यह लो! वह आ ही रहा है।

(ऑथेलो का प्रवेश)

इआगो : कोई भी निद्रा के वशीभूत करनेवाली औषधि, कोई भी विस्मृत करनेवाली वस्तु अब मुझे कल वाली नींद वापस नहीं देगी।

ऑथेलो : कितना विश्वासघात! कितना धोखा!

इआगो : क्या है सेनानायक! सदा ही अपने विचार में उसी बात को क्यों रखते हो?

ऑथेलो : चले जाओ! तुम्हींने मुझे इस यातना में डाला है। धोखा खाते रहना उसकी जान लेने की तुलना में कहीं अधिक अच्छा है।

इआगो : क्यों स्वामी! क्या हुआ?

ऑथेलो : मुझे क्या पता चलता कि वह गुप्त रूप से अपनी वासना को कैसे शान्त करती है? न मैं कभी ऐसी बात को स्वप्न में भी सोच सकता था। मेरी तो इससे कोई हानि नहीं होती! मुझे अच्छी नींद आती, मैं प्रसन्न और मस्त रहता। मैंने तो कैसियो को उसका चुंबन लेते नहीं देखा था! यदि लुटनेवाले को पता ही न चले कि वह लुट रहा है, तो उसका न जानना ही अच्छा है और इस तरह वह लुटता ही नहीं।

इआगो : मुझे यह सुनकर वेदना होती है।

ऑथेलो : किन्तु अब सदा के लिए मेरी शान्ति चली गई है। चला गया है सन्तोष! वे सेनाएँ, वे महायुद्ध जो महत्त्वाकाँक्षा को अच्छाई में बदलते हैं, सब मेरे लिए विदा हो गए हैं। वे हिनहिनाते अश्व, तुरही की तीखी ध्वनि, प्रतिध्वनित भेरी-निनाद और कर्णभेदी वाद्यस्वर, राजसी पताका और युद्ध के वैभव और आवेश, सब मेरे लिए अपरिचित हो गए हैं। ओ भीषण तोप! तू जो अपने कर्कश कण्ठ से अमर प्रेम का भीषण गर्जन करती थी। विदा! ऑथेलो अब योद्धा नहीं रहा!

इआगो : स्वामी, क्या यह सम्भव है?

ऑथेलो : ओ धूर्त! पहले तुझे प्रमाण देना होगा कि मेरी स्त्री सचमुच विश्वासघातिनी है। मुझे पक्का प्रमाण चाहिए! वरना मैं कसम से कहता हूँ कि तेरे लिए कुत्ता होना बेहतर होता बनिस्बत इसके कि तू मेरे एक बार भड़ककर उठ खड़े होने वाले गुस्से का नतीजा झेले!

इआगो : क्या बात यहाँ तक पहुँच गई?

ऑथेलो : या तो मुझे दिखा या मुझे प्रमाण दे कि फिर शक की कोई गुन्जाइश नहीं रहे, अन्यथा देख! तेरा जीवन ही उत्तर देगा।

इआगो : मेरे वीर स्वामी!

ऑथेलो : यदि तू उसके पतिव्रत पर लाँछन लगाता है और मुझे पीड़ित करता है, तो यह न समझ कि तू दण्डहीन ही रह जाएगा। यदि तेरा अभियोग असत्य है तो तू भले ही भयानक से भयानक काम कर कि आकाश कांप उठे और धरती आश्चर्य से भर जाए, किन्तु इससे बढ़कर पाप तू संसार में नहीं कर सकता कि उसके नाम पर कलंक लगाए।

इआगो : हे भगवान! मुझे क्षमा कर! क्या आपमें न्यायशीलता नहीं, या सत्-असत्-विवेक नहीं रहा! ईश्वर आपकी सहायता करे! मुझे नौकरी से छुट्टी दें! *(स्वयं से)* ओ मूर्ख! ईमानदारी, प्रेम और स्वामिभक्ति से प्रेरित होकर तू क्या कर बैठा कि आज तेरे गुण ही पाप बन गए। ओ दुरित संसार! देख! ईमानदारी और सच्चाई में कितनी हानि है। आपने मुझे यह शिक्षा दी है, इसके लिए मैं आपका आभारी हूँ। अब मैं कोई मित्र ही नहीं बनाऊँगा क्योंकि प्रेम ही इतनी हानि का कारण बनता है।

(जाने को होता है)

ऑथेलो : नहीं, जाओ मत। तुम्हें ईमानदार होना चाहिए!

इआगो : नहीं, मुझे बुद्धिमान होना चाहिए क्योंकि ईमानदारी ही बेवकूफी है वह जिसके कार्य करती है उसी को खो देती है।

ऑथेलो : जो भी हो, मैं अभी तक अपनी पत्नी को ईमानदार समझता हूँ और फिर भी मुझे सन्देह होता है। मुझे लगता है तुम ठीक हो, परन्तु लगता है नहीं ऐसा नहीं है। मुझे प्रमाण तो मिलना चाहिए। पवित्र चन्द्रमा के समान उसका उज्ज्वल मुख मेरे मुख की भाँति ही काला हो गया है। यदि संसार में प्रतिहिंसा को पूर्ण

करने का कोई साधन है तो वह दण्डहीना नहीं रहेगी। किन्तु मैं अनिश्चय से मुक्त होना चाहता हूँ।

इआगो : मुझे लगता है स्वामी! आपको आवेश ने दबा लिया है। मुझे दुःख है कि मैंने आपको इस ओर से सचेत ही क्यों किया। किन्तु क्या आप सचमुच इस विषय में सन्तुष्ट होना चाहते हैं?

ऑथेलो : निश्चय!

इआगो : किन्तु स्वामी! मैं आपको कैसे संतुष्ट करूँ? यह तो असम्भव है। आप देखिए न! न वे बकरों की भाँति मुखर हैं, न बन्दरों की भाँति चपल, न भेड़ियों की भाँति ही कि मैं उन्हें दिखा देता। किन्तु यदि अभियोग और घटनात्मक साक्ष्य ही अहम् हैं, जिनसे सत्य का द्वार खुलता है और उन्हीं से आपको सन्तोष हो जाए तो मैं प्रस्तुत हूँ।

ऑथेलो : मुझे इसका पक्का प्रमाण दो कि वह विश्वासघातिनी है।

इआगो : मैं यह काम पसन्द नहीं करता, किन्तु क्योंकि मैं इस विषय में इतना फँस गया हूँ और वह भी प्रेम और ईमानदारी के कारण, तो अब यही सही। मैं अभी कुछ दिन हुए कैसियो के निकट सोया था और दाढ़ के दर्द के कारण नींद नहीं आ पाई थी। बहुत-से लोग इतने संयमहीन होते हैं कि वे सोते में बड़बड़ाते हैं और अपनी भीतरी बात कह जाते हैं। ऐसा ही कैसियो भी है। मैंने उसे स्वप्न में कहते सुना—प्रिये डैसडेमोना! हमें चौकस रहना चाहिए और अपने इस प्रेम को छिपाए रखना चाहिए।—और श्रीमान! उसके बाद उसने नींद में ही मेरा हाथ पकड़कर दबाया और बोला : आह सुन्दरी! और तब उसने ऐसे चुम्बनों की झड़ी लगा दी और साथ ही बोला...ओ दुर्भाग्य! तूने इसे उस मूर के पल्ले बाँध दिया!

ऑथेलो : भयानक! विकराल!

इआगो : किन्तु यह तो एक स्वप्न-मात्र था!

ऑथेलो : किन्तु कोई ऐसी घटना अवश्य हुई होगी! यदि यह स्वप्न-मात्र ही है तो भी इससे पाप का कितना सन्देह होता है!

इआगो : यह तो स्वप्न ही है, किन्तु है तो सन्देहजनक। जहाँ प्रमाण नहीं है वहाँ यही तो सहायक होता है।

ऑथेलो : मैं उस स्त्री के टुकड़े-टुकड़े कर दूँगा।

इआगो : नहीं, बुद्धि से काम लीजिए! हमने अभी उसे कुछ भी बुरा करते नहीं देखा। हो सकता है वह सच्चरित्र ही हो। किन्तु यह बताएँ, क्या अपनी पत्नी के हाथ में कभी-कभी एक ऐसा रूमाल नहीं देखा है जिस पर रंगों से स्ट्रॉबेरी फलों की तस्वीरें-सी बनी हैं?

ऑथेलो : वही तो उसको मैंने प्रथम प्रेमोपहार के रूप में दिया था।

इआगो : मुझे पता नहीं था, किन्तु मैं निश्चय से कह सकता हूँ कि मैंने कैसियो को उससे अपनी दाढ़ी पोंछते देखा था।

ऑथेलो : यदि यह सत्य है...

इआगो : वही रूमाल था या कोई और, अगर वह डैसडेमोना का ही है तो वह उसके विरुद्ध एक प्रमाण ही है।

ऑथेलो : काश, उस गुलाम कैसियो की 40,000 ज़िन्दगियाँ होतीं! एक ज़िन्दगी से मेरे बदले की आग कैसे ठण्डी हो सकेगी? अब मुझे पूरी बात का विश्वास हुआ। देखो इआगो! अब मैं अपने सारे प्रेम को विलीन किए देता हूँ। अब वह लुप्त हो रहा है और उसका स्थान नरक से निकली हुई काले रंग की प्रतिहिंसा ले रही है। अरे प्रेम! मेरे हृदय के सिंहासन से उतरकर गहरी घृणा को स्थान दे दे! विषाक्त विचारों के भार से ओ मेरे वक्ष! भर जा! फल उठ! सर्प की सी विषैली जिह्वा! लपलपा उठ!

इआगो : शान्त रहें!

ऑथेलो : रक्त चाहिए इआगो! मुझे लहू चाहिए!!

इआगो : शान्त भी रहिए! सम्भव है आपका विचार बदल जाए।

ऑथेलो : नहीं इआगो! कभी नहीं। जिस प्रकार काले सागर की बर्फीली धारा कोई भाटा नहीं जानती और निरन्तर मारमरा समुद्र और डाडनिलीज़ की ओर बहती चली जाती है, इसी प्रकार मेरे खूनी विचार भी विकराल गति से पीछे मुड़कर नहीं देखेंगे और न उन्हें कभी प्रेम का भाटा ही कम करेगा, जब तक कि उचित महान प्रतिहिंसा ही उन्हें निगल नहीं लेगी। आकाश के ज्वलंत पिण्डों की शपथ! *(झुककर)* मैं एक पवित्र प्रतिज्ञा के लिए उचित शपथ ग्रहण करता हूँ कि मैं अपने वचनों को अन्त तक निभाऊँगा।

इआगो : अभी मत उठो, क्योंकि मैं भी आपके साथ ही शपथ ग्रहण करूँगा। *(झुककर)* ओ आकाश के ज्वलंत पिण्डो! ओ सर्वव्यापी तत्त्वो! साक्षी बनो कि मैं अपने सारे विवेक और शारीरिक शक्ति से इस ऑथेलो की सेवा करूँगा जिसके साथ अन्याय हुआ है। वह मुझे आज्ञा दे और कैसा भी भयानक खूनी ही काम क्यों न हो, उसकी आज्ञा का पालन करना ही मेरी न्याय की ओर खड़ी होने वाली चेतना का पर्याय बने।

(दोनों खड़े होते हैं।)

ऑथेलो : तुमने मेरे साथ प्रतिज्ञा की है, मैं केवल धन्यवाद ही नहीं देता किन्तु भविष्य में इसका उचित पुरस्कार भी दूँगा। अभी से कार्य प्रारम्भ करो! तीन दिन में सूचना दो कि कैसियो जीवित नहीं रहा।

इआगो : यद्यपि कैसियो मेरा मित्र है, फिर भी आपके लिए मैं यह भी करने को तैयार हूँ। किन्तु डैसडेमोना को जीवित रहने दें!

ऑथेलो : मरने दो उसे, तुम जाओ! मुझे सोचने दो कि किस आसान तरीके से मैं इस खूबसूरत शैतान को खत्म कर सकूँ। आइन्दा तुम मेरे लेफ्टिनेण्ट हो।

इआगो : मैं तो सदा ही आपका हूँ। **(प्रस्थान)**

दृश्य 4

(दुर्ग के सामने)

(डिसडेमोना, इमीलिया और विदूषक का प्रवेश)

डिसडेमोना : क्यों जी, तुम्हें पता है कि कैसियो कहाँ है?[1]

विदूषक : क्या जाने कहाँ है?

डिसडेमोना : क्यों?

विदूषक : वह एक योद्धा है और लड़ाकू का गलत पता देना मानो मौत को बुलाना है।

डिसडेमोना : चलो हटो! कहाँ रहता है वह!

विदूषक : इसे बताने का अर्थ है मैं झूठ बोलूँ!

डिसडेमोना : इसका मतलब?

विदूषक : मैं नहीं जानता वह कहाँ रहता है, और गलत बता दूँ तो वह झूठ ही है।

डिसडेमोना : तुम उसके बारे में पूछताछ कर पता चला सकते हो?

विदूषक : मैं उसके लिए सारे जहान से सवाल कर सकता हूँ और इस तरीके के सवालों से आपको जवाब देने लायक बन सकता हूँ।

डिसडेमोना : तो उसकी तलाश करो! उसे यहाँ आने की आज्ञा दो! उससे कहना, मैंने उसकी बात अपने स्वामी तक पहुँचा दी है और आशा करती हूँ सब ठीक होगा।

विदूषक : यह काम तो इंसान की अक्ल के दायरे के भीतर का ही है और इसलिए मैं इसे करने की कोशिश कर सकता हूँ। **(प्रस्थान)**

डिसडेमोना : न जाने मेरा रूमाल कहाँ खो गया, इमीलिया?

इमीलिया : मैं नहीं जानती देवी!

डिसडेमोना : मुहरों से भरा मेरा बटुआ खो जाता, तो भी सच कहती हूँ मुझे इतना अफसोस न होता जितना उसके खो जाने से हुआ है। किन्तु मेरे पति वीर और उदात्त भावनाओं से ओतप्रोत हैं। उनमें क्षुद्र ईर्ष्या नहीं है। अन्यथा उनमें संदेह और ईर्ष्या जगाने को तो यही बहुत है।

इमीलिया : क्या वे ईर्ष्यालु नहीं?

डिसडेमोना : कौन? वे? मैं समझती हूँ जहाँ उनका जन्म हुआ था, प्रचण्ड सूर्य ने ऐसे विकारों का पहले ही शोषण कर लिया था!

---

1. यहाँ मूल में स्पमे शब्द का प्रयोग हुआ है। स्पमे के दो अर्थ हैं—कहाँ पड़ा है अर्थात् कहाँ है और दूसरा अर्थ है—कहाँ झूठ बोल रहा है। डिसडेमोना स्पमे का अर्थ लेती है—कहाँ है और विदूषक अर्थ लेता है—कहाँ झूठ बोल रहा है। उससे हास्य उत्पन्न होता है। यह कोई उच्चकोटि का हास्य नहीं है। किन्तु हमें याद रखना चाहिए कि शेक्सपियर के नाटक खेले जाते थे और दर्शकों में सभी दर्जे के लोग आते थे। उन्हें भी उसे सन्तुष्ट करना पड़ता था। अनुवाद में हम हिन्दी में ऐसा शब्द नहीं ढूँढ़ सके जिसका स्पमे का सा प्रयोग हो सके और दोनों अर्थ एकसाथ निकल सकें, इसलिए हमने परिवर्तन किया है।

इमीलिया : लीजिए, वे आ रहे हैं।

डैसडेमोना : मैं अब उन्हें तब तक नहीं छोड़ूँगी, जब तक वे कैसियो को नहीं बुला लेते।

(ऑथेलो का प्रवेश)

प्रणाम स्वामी! आनन्द तो है?

ऑथेलो : आह देवी! *(स्वगत)* ढोंग करना कितना कठिन है। *(प्रकट)* कैसी हो डैसडेमोना! अच्छी तो हो!

डैसडेमोना : मैं तो बिल्कुल ठीक हूँ मेरे दयालु स्वामी!

ऑथेलो : मुझे अपना हाथ दो प्रिये! अरे! यह इतना पसीजा हुआ क्यों है?

डैसडेमोना : इसे न दीर्घ आयु ने छुआ है, न किसी दुर्भाग्य ने ही।

ऑथेलो : तुम्हारे हाथ का पसीजापन बताता है कि तुम्हारा हृदय भी बहुत शीघ्र द्रवित हो जाता है। कितना गर्म है। पसीजा हुआ। यह हाथ बताता है कि तुम्हें एकान्त में व्रत, उपवास, तप और भक्तिपूर्ण अन्य कार्यों में समय बिताना चाहिए, क्योंकि मुझे इसमें एक ऐसी तरुण वासनामय आत्मा की झलक मिल रही है जो शीघ्र ही लोभ के वशीभूत होकर जाल में फँस सकती है। सचमुच कितना दयालु और स्निग्ध हृदय है।

डैसडेमोना : अब जो चाहे कह लीजिए, पर यह वही हाथ है जिसने मेरा हृदय आपको दिया था।

ऑथेलो : कैसा दयालु हाथ है! पहले समय में जब हाथ मिलते थे तब हृदय भी मिल जाते थे, किन्तु आजकल के विवाहों में हृदय नहीं मिलते, केवल हाथ ही मिलते हैं।

डैसडेमोना : मैं इस विषय में क्या कह सकती हूँ। चलिए भी! आपको अपना वचन तो याद है?

ऑथेलो : कौन-सा वचन प्रियतमे!

डैसडेमोना : मैंने आपसे बातें करने कैसियो को बुलवाया है।

ऑथेलो : मेरी आँख दुःख रही है। बड़ी तकलीफ है। तनिक पोंछने को अपना रूमाल तो देना।

डैसडेमोना : यह लो स्वामी!

ऑथेलो : वह जो मैंने दिया था तुम्हें।

डैसडेमोना : वह तो मेरे पास नहीं रहा।

ऑथेलो : नहीं है?

डैसडेमोना : हाँ स्वामी! नहीं है।

ऑथेलो : यह तो एक अपराध है। वह रूमाल मेरी माता को एक मिस्री स्त्री ने दिया था जोकि जादूगर थी और मनुष्य की आन्तरिक भावनाओं को पढ़ लेती थी। उस

स्त्री ने मेरी माता से कहा था कि जब तक वह उसे अपने पास रखेगी, वह आकर्षक बनी रहेगी और मेरे पिता को अपने वश में ऐसे कर लेगी कि वह उसे सदैव प्रेम करेगा। किंतु यदि वह उसे खो देगी या किसी और को भेंट दे देगी तो मेरा पिता उससे घृणा करने लगेगा और प्रेम और वासना की परितृप्ति के लिए और ही आधार ढूँढ़ने लगेगा। मरते समय माँ ने इसे मुझे दिया था और कहा था कि जब कभी भी मैं विवाह करूँ इसे अपनी स्त्री को भेंट दूँ। यही मैंने किया और इसीलिए तुम उसे अपनी आँखों का तारा समझकर प्यार करो। वह खो जाएगा तो तुम्हारी हानि होगी और ऐसी कि कोई उसका मुकाबला नहीं कर सकेगा।

डैसडेमोना : क्या ऐसा हो सकता है?

ऑथेलो : यह बिलकुल सत्य है। वह एक जादुई रूमाल है। एक ऐसी पैगम्बर थी जिसने सूर्य के दो सौ भ्रमण देखे थे (अर्थात् 200 बरस की थी)। उसने तो उसे सिया था और वह भी कब? तब जबकि उसपर ईश्वरीय आवेश छाया था। हाल-सा आया हुआ था। वे कीड़े जिन्होंने इसका रेशम उगला था वे भी पवित्र थे। और गंधादि द्रव्य लगाकर सुरक्षित किए हुए शवों—कुमारियों के शवों—के हृदय-प्रदेश में भिगोकर इसे रंगा गया था।

डैसडेमोना : क्या यह सब सच है?

ऑथेलो : बिलकुल! तभी कहता हूँ उसके बारे में सदैव ध्यान रखना!

डैसडेमोना : अच्छा होता, ऐसा रूमाल मुझे मिलता ही नहीं।

ऑथेलो : हैं? क्या कहती हो?

डैसडेमोना : इतने ज़ोर से और डाँटकर क्यों बोल रहे हो?

ऑथेलो : वह खो गया! वह नहीं है? बोलो! क्या वैसे ही इधर-उधर हो गया है।

डैसडेमोना : भगवान रक्षा करें।

ऑथेलो : यह क्या कहा?

डैसडेमोना : खोया तो नहीं है, लेकिन खो जाए तो?

ऑथेलो : कैसे? कहाँ?

डैसडेमोना : मैं कहती हूँ खोया नहीं।

ऑथेलो : तो लाओ! मुझे ला के दिखाओ!

डैसडेमोना : दिखा दूँगी, पर इस वक़्त नहीं। मैं जानती हूँ यह मेरी प्रार्थना को टालने की तरकीब है। मैं अनुभव करती हूँ कैसियो को फिर बुला लिया जाए।

ऑथेलो : पहले रूमाल लाओ। मेरे दिमाग में शक पैदा हो रहे हैं।

डैसडेमोना : हाँ, हाँ! ठीक है! मैं कहती हूँ तुम्हें कैसियो से अधिक उपयुक्त कोई व्यक्ति नहीं मिलेगा।

ऑथेलो : रूमाल!

डैसडेमोना : मैं कहती हूँ कैसियो की बात करो न!

ऑथेलो : रूमाल!

डैसडेमोना : वह व्यक्ति जो सदैव तुम्हारे प्रेम पर निर्भर रहा और जिसने तुम्हारे साथ विपत्तियों का सामना किया...

ऑथेलो : रूमाल!

डैसडेमोना : सचमुच! दोषी तुम्हीं हो!

ऑथेलो : लानत है! **(प्रस्थान)**

इमीलिया : क्या वे ईर्ष्यालु नहीं हैं?

डैसडेमोना : ऐसा तो मैंने कभी नहीं देखा! निश्चय ही रूमाल में कुछ अद्भुत बात अवश्य है। मुझे उसके खो जाने का अत्यन्त खेद है।

इमीलिया : एक-दो बरस में मनुष्य की असली प्रकृति का परिचय नहीं हो जाता। सारे पुरुष पेट हैं और सारी स्त्रियाँ भोजन हैं। वे बड़ी भूख से हमें खाते हैं और जब पेट भर जाता है तब हमें छोड़ देते हैं। वह लो! मेरे पति और कैसियो आ रहे हैं।

(कैसियो और इआगो का प्रवेश)

इआगो : और कोई तरीका नहीं है। बस ये ही कर सकती हैं। लो तुम्हारा सौभाग्य! जाओ प्रार्थना करो!

डैसडेमोना : कैसे हो वीर कैसियो! क्या समाचार है?

कैसियो : देवी! मेरी वही प्रार्थना है। मैं अनुनय करता हूँ कि आपकी सशक्त सहायता से मैं फिर स्वामी का प्रेम और विश्वास प्राप्त कर सकूँ। मैं उनका हृदय से सम्मान करता हूँ। मैं तो बुरे से बुरे परिणाम को भी शीघ्र जानना चाहता हूँ। यदि मेरा अपराध इतना बड़ा है कि न मेरी अतीत की सेवाएँ काम आती हैं, न वर्तमान का दुर्भाग्य ही, न भविष्य में मर्यादा से रहने की मेरी प्रतिज्ञा ही, न मेरा पश्चात्ताप ही मुझे उनके प्रेम का पात्र फिर से बना सकता है, तो कम से कम इतना अधिकार तो मैं चाहता ही हूँ कि इस विषय में जो भी हो वह तो मुझे बता दिया जाए! उससे यह तो होगा कि मैं सन्तुष्ट हो जाऊँगा और परिस्थितियों के सामने समर्पण कर दूँगा, चाहे भाग्य ने मेरे लिए कैसी भी भिक्षा क्यों न आयोजित कर रखी हो!

डैसडेमोना : हाय वीर कैसियो! मैंने स्वामी से प्रार्थना की, किन्तु उन पर प्रभाव नहीं पड़ा। वे वैसे नहीं हैं जैसे पहले थे। यदि अपनी बदलती प्रकृति के अनुरूप ही उनकी आकृति में भी परिवर्तन आ गया होता तो मैं उन्हें पहचान भी नहीं पाती। तुम्हारी ओर से मैं जो कुछ कह सकती थी वह सब कह चुकी हूँ और बार-बार कहने से वे क्रुद्ध ही हुए हैं। इसलिए तुम्हें कुछ दिन धैर्य से काम लेना चाहिए। जो कुछ कर सकती हूँ अवश्य करूँगी। तुम्हारे लिए इतना करूँगी जितना अपने लिए भी नहीं करती। बस अब यही समझ लो!

इआगो : क्या स्वामी आज अत्यन्त क्रुद्ध हैं?

इमीलिया : वे यहाँ से बहुत ही अस्त-व्यस्त-से असन्तुष्ट-से गए हैं।

इआगो : क्या वे भी कभी अपने ऊपर से अधिकार खो सकते हैं! मैं उनके निकट खड़ा रहा हूँ और उनके समीप ही तोपों के गोले सेना पर बरसते रहे हैं, उन्होंने अपने भाई पर भी गोला चलाया है, किन्तु फिर भी मैंने उन्हें विचलित नहीं देखा। वे सदैव स्थिर चेतस थे। उनके इतने क्रुद्ध होने का कोई कारण अवश्य रहा होगा। मैं जाता हूँ उनके पास!

डैसडेमोना : मैं कहती हूँ ज़रूर जाओ!

(इआगो का प्रस्थान)

अवश्य ही राज्य-सम्बन्धी कोई बात है। या तो वेनिस से कोई संवाद आया है या कोई गुप्त षड्यन्त्र है जो हाल में ही साइप्रस में पकड़ा गया है जिसने उनके दृढ़ चित्त को विचलित कर दिया है। महत्त्वपूर्ण घटनाओं से विचलित बुद्धि होकर मनुष्य साधारण विषयों में झगड़ पड़ते हैं, जो किसी अन्य अवसर पर उन्हें क्रुद्ध नहीं कर पाते। उनपर तो वास्तव में उन्हें असली क्रोध होता भी नहीं। देखो न! हमारी छोटी उंगली में भी दर्द होता है तो सारे शरीर को वेदना की अनुभूति होने लगती है। नहीं! हमें मनुष्यों को अतिमानव नहीं समझना चाहिए, न उनसे ऐसे व्यवहार की आशा ही करनी चाहिए जैसा कि दूल्हा दुल्हन से करता है। मुझे ही दण्ड मिलना चाहिए। इमीलिया! मैं ही उनको अनावश्यक रूप से उत्तेजित करने वाली हूँ क्योंकि मैं उन्हें कठोर कह रही हूँ, किन्तु अब मैं देखती हूँ मैंने उन पर अनजाने ही मिथ्या दोषारोपण किया है और वे निर्दोष हैं।

इमीलिया : ईश्वर से प्रार्थना करो कि किसी राज्य-विषयक बात से ही वे ऐसे हैं, न कि तुमपर ईर्ष्या या सन्देह के कारण।

डैसडेमोना : कैसा बुरा दिन है! मैंने तो उन्हें कभी भी क्रुद्ध नहीं किया।

इमीलिया : किन्तु ईर्ष्यालु व्यक्ति तो ऐसे उत्तर से सन्तुष्ट नहीं होते। वे किसी विशेष कारण से तो ईर्ष्या करते नहीं, वे तो ऐसे होते ही हैं क्योंकि होते ही वे ईर्ष्यालु हैं। ईर्ष्या एक राक्षसी है, जो स्वयं-जात और स्वयं को खाकर ही जीवित रहती है।

डैसडेमोना : ईश्वर ऑथेलो के मस्तिष्क को इसके प्रवाह से बचाए रखें!

इमीलिया : ऐसा ही हो।

डैसडेमोना : मैं उन्हें देखती हूँ। कैसियो! तुम इधर-उधर घूम लो! यदि मैं उन्हें ठीक पाऊँगी तो फिर तुम्हारी बात चलाऊँगी और जहाँ तक मुझसे हो सकेगा तुम्हारे लिए प्रयत्न करूँगी।

कैसियो : मैं हृदय से आपका आभार स्वीकार करता हूँ देवी!

(डैसडेमोना और इमीलिया का प्रस्थान)

(बियान्का का प्रवेश)

बियान्का : अरे! मेरे दोस्त! कैसियो!

कैसियो : तुम घर से दूर क्या कर रही हो? मेरी प्रिये! सुन्दरी बियान्का! अच्छी तो हो! सच प्रिये! मैं तो तुम्हारे ही घर आ रहा था!

बियान्का : और मैं तुम्हारे निवासस्थान की ओर जा रही थी कैसियो! हफ्ते-भर से तुम नहीं आए। सात दिन, सात रातें! उफ़, कितना समय निकाल दिया तुमने? और प्रेमियों के घण्टे! घड़ियाल में नहीं बजते ये घण्टे, हृदय में बजते हैं। गिनते-गिनते थक गई।

कैसियो : क्षमा करो बियान्का, मुझे मुसीबतों ने परेशान कर दिया है। यह जो मेरी लम्बी गैरहाज़िरी रही है इसका मुआवज़ा मैं किसी ऐसे वक़्त ज़रूर चुका दूँगा जिसमें मुझे ज़रा और आज़ादी होगी। प्रिय बियान्का! तब तक मेरे लिए तुम इस रूमाल की नकल काढ़ देना।

(डिसडेमोना का रूमाल देता है।)

बियान्का : अरे! यह तुम्हें कहाँ मिला कैसियो! यह बात है! तब तो तुम्हारी अनुपस्थिति का कारण है! किसी नई मित्र से उपहार लेने में लगे रहते हो! यह बात है! समझ गई।

कैसियो : क्या फिजूल की बातें करती हो! जिस शैतान ने तुम्हारे मुँह में ऐसे विचार रखे हैं उन्हें उसीपर उगल दो! शायद तुम्हें इसकी जलन है कि इसे मुझे किसी प्रेमिका ने भेंट कर दिया है कि यह यादगार बनी रहे। नहीं बियान्का! ऐसी बात नहीं है।

बियान्का : तो बताओ फिर? यह है किसका?

कैसियो : मैं नहीं जानता प्रिये! मुझे अपने कमरे में पड़ा मिला। इसके ऊपर अच्छी कढ़ाई है। इससे पहले कि इसकी मालकिन इसे वापस माँग बैठे, मैं चाहता हूँ मेरे पास इसकी एक नकल रह जाए। यह तुम कर दो न! और इसी समय चली जाओ।

बियान्का : क्यों, तुम अकेले रहोगे?

कैसियो : मैं यहाँ जनरल की सेवा में हूँ और न मेरे लिए यह ठीक ही है, न फायदेमन्द ही कि एक औरत के साथ देखा जाऊँ।

बियान्का : क्यों, उसमें क्या बात है?

कैसियो : तुम यह न समझो कि मैं तुम्हें नहीं चाहता।

बियान्का : पर तुम मेरी परवाह नहीं करते। यह भी नहीं कि दस कदम मुझे पहुँचा ही देते! बताओ न, आज रात को आओगे?

कैसियो : मैं बस थोड़ी दूर ही चल सकता हूँ क्योंकि मुझे फिर जनरल की सेवा में उपस्थित रहना है। मैं शीघ्र ही तुमसे निश्चय मिलूँगा।

बियान्का : अच्छी बात है! मुझे भी परिस्थिति के अनुसार ही चलना होगा।

(प्रस्थान)

चौथा अंक

दृश्य 1

(साइप्रस-दुर्ग के सामने)

(ऑथेलो और इआगो का प्रवेश)

इआगो : क्या सचमुच आप यही सोचते हैं?

ऑथेलो : सोचता हूँ इआगो!

इआगो : क्या एकान्त में चुम्बन करना-मात्र?

ऑथेलो : किन्तु अनधिकृत चुम्बन।

इआगो : या मित्र के साथ शय्या पर नग्न होकर घण्टे भर या ज़्यादा रहना...उसमें हानि नहीं?

ऑथेलो : नग्न सहशयन, इआगो? और उसमें भी हानि नहीं! यह तो शैतान के सामने भी ढोंग करने के समान है। जो ऐसा भलमनसाहत के लिए भी करते हैं, शैतान उनकी शराफत को ललचाता है, और वे दैव को ललकारते हैं।

इआगो : तब वे कुछ नहीं करते, यह तो मामूली बात हुई, किन्तु यदि मैं अपनी स्त्री को एक रूमाल दूँ...

ऑथेलो : क्या कहा?

इआगो : क्यों श्रीमान्! वह तो उसी का हो गया और जब उसका ही है तो वह फिर जिसे चाहे उसी को दे दे...

ऑथेलो : वह स्वयं अपने सम्मान और पतिव्रत की भी तो रक्षिका है। वह अपने सम्मान के साथ भी ऐसी ढिलाई दिखा सकती है!

इआगो : उसका सम्मान एक भावना-मात्र है जिसे देखा नहीं जा सकता। बहुधा ऐसे भी होते हैं जिनका वास्तव में कोई सम्मान नहीं होता, परन्तु लोग उनके विषय में कुछ और ही सोचा करते हैं। लेकिन जहाँ तक उस रूमाल की बात है...

ऑथेलो : हे भगवान! कितना अच्छा होता कि मैं उसे भूल जाता! तुमने फिर याद दिला दी मुझे और वह मँडराती हुई मुझपर छा गई जैसे कोई गिद्ध रोगों से भरे

किसी दुःखी घर पर सबकी मृत्यु की सूचना देता हुआ मँडराने लगता है।

इआगो : क्यों, क्या बात है?

ऑथेलो : अब वह उतना सरल नहीं।

इआगो : यदि मैं कह देता कि मैंने उसे आपकी स्त्री के साथ अनाचार करते देखा है, तो क्या हो जाता! या उसे ऐसा कहते हुए ही सुन पाता? संसार में ऐसे धूर्त भी हैं जो आपकी हानि कर दें और या तो अपने स्वभाव के कारण या किसी वासनामयी स्त्री के कारण ही ऐसा कर बैठें...और फिर अपने पर काबू न रखकर उसकी इधर-उधर चर्चा भी करें।

ऑथेलो : क्या उसने कुछ कहा है?

इआगो : हाँ स्वामी, कहा है। किन्तु आप इसको भी पक्की मान लें कि वह कसम खाकर कह देगा कि उसने कभी कहा ही नहीं।

ऑथेलो : उसने कहा क्या है?

इआगो : मैं नहीं जानता देव, कि कैसे कह दूँ उसे!

ऑथेलो : क्या? क्या? रूमाल? स्वीकार किया रूमाल? यह सम्भव नहीं कि कैसियो और डैसडेमोना स्वीकार कर लें और दण्ड प्राप्त करें। अच्छा हो कि हम पहले उन्हें दण्ड दें तभी वे स्वीकार करेंगे। मैं तो काँप उठता हूँ। राह दिखाने को किसी वास्तविकता के बिना किसी की भावनाएँ इतने वासनामय आवरण में छद्म धारणा नहीं कर सकतीं कि वास्तविकता छाया-मात्र रह जाए...मुझे शब्द विचलित नहीं करते...नाक...कान...होंठ...क्या यह सम्भव है। बोलो...स्वीकार करो...रूमाल! शैतान...

(मूर्छित-सा हो जाता है)

इआगो : आह मेरी औषधि! कर, अपना काम कर! ऐसे ही तुच्छ मूर्खों को घेरा जाता है और ऐसे ही अनेक योग्य, पतिव्रता, निर्दोष स्त्रियों को दण्ड मिलता है। *(कैसियो को आते हुए देखता है)* स्वामी! अरे यह क्या हुआ! मेरे स्वामी! ऑथेलो! बोलिए न!

(कैसियो का प्रवेश)

अरे कैसियो!

कैसियो : क्यों, क्या बात है?

इआगो : मेरे स्वामी को मिरगी-सी आ गई है। यह दूसरा दौरा है। एक ऐसा ही कल आया था।

कैसियो : तो कनपटियाँ रगड़ो।

इआगो : नहीं, यह ठीक नहीं होगा। मूर्च्छा का दौर धीरे-धीरे अपना समय लेकर निकल जाए यही अच्छा होगा। यदि समय से पूर्व व्याघात डाल दिया जाएगा तो मुँह में से झाग निकलने लगेंगे और उन्हें भीषण क्रोध का एक भयानक दौरा घेर लेगा।

लो, वे तो हिलने भी लगे। तुम चले जाओ, मैं अनुनय करता हूँ तनिक देर को अकेला छोड़ दो! वे शीघ्र ठीक हो जाएँगे। जब ये चले जाएँगे तब मैं तुमसे कुछ ज़रूरी बातें करूँगा।

(कैसियो का प्रस्थान)

क्या हाल है जनरल? कहीं सिर में चोट तो नहीं आई?

ऑथेलो : क्या तुम मेरा मज़ाक उड़ाते हो?

इआगो : मैं और मज़ाक! ईश्वर न करे! क्या एक वीर पुरुष की भाँति आप अपने दुर्भाग्य को सह नहीं सकते?

ऑथेलो : किन्तु जिसकी स्त्री परपुरुष से व्यभिचार करती है, वह राक्षस होता है, पशु होता है।

इआगो : महानगर में न जाने ऐसे कितने पशु होंगे, पता नहीं कितने राक्षस होंगे!

ऑथेलो : क्या उसने स्वीकार किया था?

इआगो : सुनिए श्रीमान्! आदमी बनिये। अपने विषय को असाधारण मत समझिए! हर मर्द, जिसपर शादी का जुआ रखा है, सम्भवतः आप ही जैसा हो। लाखों आदमी रात को ऐसे बिस्तरों पर सोते हैं जो उनके नहीं होते, हालाँकि वे कसम खा सकते हैं कि वे उन्हीं के हैं। आपका हाल तो कहीं अच्छा है क्योंकि आप कम से कम अपनी बदकिस्मती को जानते तो हैं! यह क्या कम व्यंग्य है, यह क्या शैतान की असली ताकत नहीं कि एक आदमी ऐसी विश्वासघातिनी और धोखेबाज़ औरत को पवित्र समझकर चूमता रहता है! नहीं, मैं तो यही पसंद करूँगा कि मुझे अपना दुर्भाग्य मालूम रहे, क्योंकि फिर मुझे यह भी पता रहेगा कि उससे मैं कैसा व्यवहार करूँ।

ऑथेलो : निश्चय ही तुम बुद्धिमान हो।

इआगो : तनिक हट जाइए और धैर्य धारण करिए तो मैं आपको कुछ दिखाऊँ। जब आप अपने दुःख से मूर्च्छित पड़े थे, जो पुरुष के लिए उचित न था, कैसियो यहाँ आया था। मैंने उसे आपके आवेश के पागलपन के बहाने से यहाँ से हटा दिया था, किन्तु उससे कहा था कि वह फिर आए और मुझसे बातें करे! उसने वादा किया था। आप किसी चीज़ के पीछे छिप जाइए और ध्यान से उसकी मुद्राओं, चेष्टाओं और हास्य का अध्ययन करिए। वे ही पक्के और घृणा के प्रकट चित्र होंगे जो उसके चेहरे पर स्पष्ट होंगे! मेरी[1] की शपथ! अपने ऊपर संयम करिएगा और धैर्य भी धरिए, अन्यथा मैं समझूँगा कि प्रतिहिंसा ने आपको पूर्णतया पराजित कर लिया है।

---

1. अँग्रेज़ी में ऐसे पुरुष के लिए कहा जाता है—उसके सींग निकल आए हैं अर्थात् उसकी स्त्री व्यभिचारिणी है। यहाँ भी वह कहता है कि जिसके सींग निकले हों वह पशु होता है, मनुष्य नहीं।

ऑथेलो : सुनते हो इआगो, मैं पूर्ण शान्त रहूँगा, धैर्य रखूँगा, किन्तु याद रखना, भीतर ही भीतर मैं बहुत भयानक हो उठूँगा।

(हटता है।)

इआगो : अब मैं कैसियो से बियान्का के बारे में पूछूँगा जो एक वेश्या-मात्र है, पैसा लेकर शरीर बेचती है। उसे कैसियो बहुत प्रिय है। वेश्या भी कितनों को छलती है परन्तु किसी एक से वह भी छली जाती है। और वह जब उसकी सुनेगा तो हँसे बिना नहीं रह सकेगा। लो वह आ गया।

(कैसियो का प्रवेश)

जब यह हँसेगा, ऑथेलो पागल हो उठेगा और उसकी अशिक्षित आदिम ईर्ष्या निश्चय ही इसकी मुस्कानों, गतियों, हाव-भावों और इसके कथनों का कुछ का कुछ अर्थ लगाएगी। *(ज़ोर से)* कहो लेफ्टिनेण्ट! क्या हाल है?

कैसियो : क्या नाम लिया तुमने? मैं तो वैसे ही दुःखी हूँ। मुझे तो इसके *(पद के)* छिनने का ही दुःख है। तुम्हारी बात ने तो कटे पर नमक डाल दिया।

इआगो : डैसडेमोना से प्रार्थना करते रहो। तुम निश्चय ही सफल होंगे। *(धीरे से)* यदि बियान्का के हाथों यह प्रार्थना होती तो तुम्हारा काम कितनी जल्दी हो जाता?

कैसियो : हाय बेचारी!

ऑथेलो : कैसा हँस रहा है?

इआगो : मैं नहीं जानता कि स्त्री भी पुरुष को इतना प्यार करती है?

कैसियो : हाय बेचारी! चंचला! सच, वह मुझे बहुत चाहती है।

ऑथेलो : कैसे अधूरे तरीके से इंकार कर रहा है। इसे हँसी में उड़ा देना चाहता है।

इआगो : सुनते हो कैसियो?

ऑथेलो : अब वह उसे फिर से सारी बात दुहराने को उकसा रहा है। ठीक ही तो है।

इआगो : वह तो कहती है वह तुमसे शादी करेगी। क्या तुम्हारा भी इरादा है?

कैसियो : हा-हा-हा...

ऑथेलो : अरे, तू जीत गया रोम-निवासी! तू जीत गया!

कैसियो : मैं और उससे शादी! क्या? एक ग्राहक! सुनो भी! जरा मेरी अक्ल पर तरस खाओ। तुम क्या मुझे बिलकुल ही गया-बीता समझ रहे हो? हा-हा-हा...

ऑथेलो : अच्छा! अच्छा! जीतने वाले हमेशा हँसते हैं।

इआगो : क़सम से, अफवाह है कि तुम उससे शादी करोगे!

कैसियो : सच कहते हो!

इआगो : सच, वरना तुम मुझे झूठा कह लेना।

ऑथेलो : क्या तू मुझे अपमानित भी कर चुका है। देखें-देखें!

कैसियो : तब तो उस बन्दरिया ने खुद ही यह खबर फैलाई होगी। उसे विश्वास है कि मैं उससे शादी करूँगा और यह सब केवल उसके अहंकार और मेरे प्रति प्रेम का ही फल है, मैंने उसे कोई वचन नहीं दिया।

ऑथेलो : इआगो मुझे इशारा कर रहा है। अब कथा का प्रारम्भ होता है।

कैसियो : वह तो कुछ देर पहले यहीं थी। जहाँ जाता हूँ, सच, वहीं आ जाती है। कुछ दिन हुए मैं समुद्र-तीर पर कुछ वेनिस-वासियों से बातें कर रहा था कि वहीं आ गई और मेरे गले में हाथ डालकर...

ऑथेलो : चिल्ला उठी 'मेरे प्यारे कैसियो!' है न? इसकी मुद्रा तो यही कहती है।

कैसियो : चिपट गई, रोने लगी...ऐसे झकझोर उठी मुझे...हा-हा-हा...

ऑथेलो : अब यह बताएगा कि किस तरह वह इसे मेरे शयन-कक्ष में ले गई, मुझे तुम्हारी नाक तो दिख रही है, पर वह कुत्ता नहीं दिख रहा जिसे मैं इसपर छोड़ूँगा...

कैसियो : अब मुझे उसका साथ छोड़ना चाहिए...

इआगो : मेरे सामने देखो, वह कहीं से आ रही है...

कैसियो : पूरी बिल्ली समझो, बस यही है कि वह सिंगार किए है...

(बियान्का का प्रवेश)

क्यों मेरे पीछे-पीछे घूम रही हो?

बियान्का : शैतान और उसका अभिशाप तुम्हारा पीछा करे। वही रूमाल मुझे देने में तुम्हारा क्या मकसद था? मैं अच्छी बेवकूफ थी जो ले गई थी। मैं उसकी नकल उतारूँ? क्या चीज़ है कि तुम्हें अपने कमरे में पड़ी मिली और तुम्हें पता भी नहीं कि कौन वहाँ इसे छोड़ गया था! अरे यह तो किसी रखैल की भेंट है। और मैं इसकी नकल उतारूँ? लो, यह लो! अपनी नई घोड़ी को दे देना इसे, चाहे जहाँ से मिला हो। मैं इसपर कोई काम नहीं करूँगी।

कैसियो : क्यों प्यारी बियान्का! क्या बात हो गई? बताओ प्रिये!

ऑथेलो : हे भगवान्! वह तो मेरा रूमाल लगता है।

बियान्का : और यदि तुम रात को खाना खाने आना चाहो तो आ जाना! यदि नहीं आते तो फिर तब तक इन्तज़ार करना जब तक फिर मैं न बुलाऊँ। **(प्रस्थान)**

इआगो : पीछा करो! पीछा करो!

कैसियो : क़सम से, अभी लो! वरना वह सड़कों पर जो चाहे बकती फिरेगी।

इआगो : उसके घर खाना खाओगे?

कैसियो : हाँ, यही इरादा है।

इआगो : तब हो सकता है, मैं तुमसे मिलूँ, मुझे तुमसे बातें करनी हैं!

कैसियो : ज़रूर आना! आओगे न?

इआगो : कोई बात नहीं! अब कुछ मत कहो।

(कैसियो का प्रस्थान)

ऑथेलो : *(आगे आकर)* इआगो! मैं इसकी हत्या कैसे करूँ?

इआगो : आपने देखा, वह अपने पाप पर कितना प्रसन्न था?

ऑथेलो : देखा इआगो ! देखा!

इआगो : और आपने रूमाल भी देखा?

ऑथेलो : आह इआगो! क्या वह मेरा था?

इआगो : क़सम से आपका ही था । और देखा आपने कि आपकी स्त्री को कैसा मूर्ख समझता है। और उसकी दी हुई भेंट इसने अपनी प्रेमिका को दे दी है।

ऑथेलो : उसका तो मैं नौ साल में क़त्ल पूरा करूँगा। सुन्दरी! प्रिया! वाह!

इआगो : नहीं, अब आप उसे भूल जाइए।

ऑथेलो : आज उस नीच स्त्री को नष्ट हो जाने दो, क्योंकि मैंने आज रात ही उसका अन्त कर देने का निश्चय किया है। मेरा हृदय पत्थर की तरह ऐसा कठोर हो गया है कि जब उसपर हाथ मारता हूँ तब हाथ में दर्द होने लगता है। कितनी सुन्दर है वह! अद्वितीय! वह तो एक सम्राट के समीप सोने के योग्य है, आज्ञा देने के योग्य है। उसकी प्रत्येक आज्ञा का पालन करने में सम्राट भी प्रसन्न होगा।

इआगो : यह आपके लिए उचित नहीं!

ऑथेलो : उसे मरने दो! वह कितना अच्छा कसीदा काढ़ती है! कितना अच्छा गाती है। उसका गाना सुनकर तो एक जंगली भालू भी पालतू बन सकता है। और फिर कितनी वाक्चतुर है वह!

इआगो : किन्तु यह सब ही तो उसके पाप को बड़ा कर दिखाते हैं।

ऑथेलो : हज़ार बार बड़ा करके—फिर भी कितना मीठा स्वभाव है उसका!

इआगो : बहुत!

ऑथेलो : सचमुच! फिर भी कितने दुःख की बात है इआगो! इआगो! कैसे शोक की बात है इआगो!

इआगो : यदि उसके पाप के बावजूद आप उसे इतना प्रेम करते हैं, तो दीजिए न उसे आज्ञा कि वह पाप करती रहे! क्योंकि यदि इससे आपको कोई कष्ट नहीं है, तो इसकी वेदना किसी और को तो है नहीं?

ऑथेलो : मैं उसके टुकड़े-टुकड़े कर दूँगा।

इआगो : यह तो बहुत बुरा किया उसने!

ऑथेलो : तब मेरे अफसर के साथ ही ऐसा काम?

इआगो : यही तो और भी बुरा हुआ।

ऑथेलो : इआगो! आज रात मुझे ज़हर दे दो। मैं उससे तर्क नहीं करूँगा। कहीं उसके

रूप और सौन्दर्य मुझे निर्बल न बना दें। आज रात मुझे यह करना ही होगा इआगो!

इआगो : नहीं! विष न दें! इससे तो अच्छा है कि जिस शय्या पर उसने आपसे विश्वासघात किया है उसी पर आप उसका गला घोंट दें।

ऑथेलो : ठीक है! ठीक है! मुझे इस योजना में औचित्य लगता है।

इआगो : और कैसियो से निबटने के लिए मुझे छोड़ दीजिए। हम फिर मिलेंगे और आधी रात को निश्चय करेंगे!

ऑथेलो : अच्छी बात है। *(भीतर तूर्य-निनाद सुनाई देता है।)* यह किसका तूर्यनाद है?

इआगो : निश्चय ही कोई वेनिस से आया है। शायद ड्यूक के पास से लोडोविको आया है और उसके साथ तुम्हारी स्त्री है।

(लोडोविको, डैसडेमोना और सेवकों का प्रवेश)

लोडोविको : वीर जनरल! परमात्मा आपकी रक्षा करते रहें।

ऑथेलो : यही मेरी भी आपको शुभकामना है।

लोडोविको : ड्यूक तथा वेनिस के सिनेट-सदस्यों ने आपको अपनी बधाइयाँ भेजी है।

(एक पत्र उसे देता है।)

ऑथेलो : उनकी आज्ञा का मैं स्नेह से चुम्बन करता हूँ।

(मुँह चूमकर, पत्र खोलकर पढ़ता है।)

डैसडेमोना : भाई[1] लोडोविको! क्या समाचार है?

इआगो : श्रीमान्! आपको देखकर मैं कृतार्थ हुआ। मैं आपका साइप्रस में स्वागत करता हूँ।

लोडोविको : मैं तुम्हें इसके लिए धन्यवाद देता हूँ। लेफ्टिनेण्ट कैसियो कैसे हैं?

इआगो : जीवित हैं श्रीमान्।

डैसडेमोना : भाई! मेरे पति और उनके बीच एक गहरी खाई पड़ गई है। तुम उसे ठीक कर सकोगे?

ऑथेलो : तुम्हें इसका निश्चय है?

डैसडेमोना : स्वामी!

ऑथेलो : *(पढ़ता है।)* ''इसे करने में न चूकना, क्योंकि तुमको...''

लोडोविको : उन्होंने नहीं कहा कुछ। वे तो पढ़ने में मगन हैं। क्या मेरे स्वामी और कैसियो के बीच कोई दरार पड़ गई है?

डैसडेमोना : अत्यन्त दुःखद! कैसियो के प्रति अपने प्रेम के कारण मैं उसे किसी भी मूल्य पर दूर करना चाहती हूँ।

---

1. अँग्रेज़ी में Cousin

ऑथेलो : पत्थर गिरे, नरक की यातना मिले!

डैसडेमोना : स्वामी!!

ऑथेलो : क्या तुम बुद्धिमान् हो?

डैसडेमोना : क्या आप क्रुद्ध हैं?

लोडोविको : हो सकता है पत्र ने उन्हें विचलित कर दिया हो! क्योंकि जहाँ तक मैं समझता हूँ उन्हें देश लौटने की आज्ञा मिली है और कैसियो को उनके स्थान पर नियुक्त किया गया है।

डैसडेमोना : सच कहती हूँ, यह सुनकर मुझे प्रसन्नता हुई है।

ऑथेलो : सचमुच?

डैसडेमोना : मेरे स्वामी!!

ऑथेलो : मैं यह देखकर प्रसन्न हूँ कि तुम पागल हो।

डैसडेमोना : क्यों प्रिय ऑथेलो...

ऑथेलो : (पत्र से उसपर आघात करके) शैतान!

डैसडेमोना : मैं इस योग्य नहीं थी!

लोडोविको : श्रीमान्! वेनिस में इसपर विश्वास भी नहीं किया जाएगा चाहे मैं कसम खाकर ही क्यों न कहूँ कि मैंने इसे आँखों से देखा है। वह तो बहुत अधिक हो गया। उससे क्षमा माँगिए! वह रो रही है।

ऑथेलो : ओ शैतान! शैतान!! यदि पृथ्वी पर स्त्री के आँसू गिरने से सृष्टि हो सके तो प्रत्येक बूँद मगर[1] बन जाएगी। दूर हो जाओ मेरे सामने से!

डैसडेमोना : मैं तुम्हें क्रुद्ध करने को यहाँ नहीं रुकूँगी।

(जाती है।)

लोडोविको : सचमुच! एक विनीत नारी है। स्वामी! मैं प्रार्थना करता हूँ वापस बुला लें!

ऑथेलो : श्रीमती!

डैसडेमोना : मेरे स्वामी?

ऑथेलो : आपको उससे कुछ काम है?

लोडोविको : कौन, मुझे श्रीमान्!

ऑथेलो : हाँ, आपने ही तो मुझे उसे लौटाने को कहा था! श्रीमान्, वह लौट सकती है, घूम सकती है और फिर जा सकती है, फिर लौट सकती है। वह रो सकती है श्रीमान्! रो सकती है। और वह विनीत है, आप कहते हैं कि विनीत है, बहुत विनीत है। तुम रोती चलो!

---

1. अँग्रेज़ी में भी कहावत है–'मगर के आँसू' (Crocodile tears)

(कभी लोडोविको और कभी डैसडेमोना से)

इस विषय में श्रीमान्—ओ मक्कार स्त्री! मुझे आज्ञा मिलती है—चली जाओ यहाँ से! मैं आपको शीघ्र सूचना दूँगा, श्रीमान, मैं आज्ञा को मानता हूँ और वेनिस लौट जाऊंगा। चली जाओ यहाँ से!

(डैसडेमोना का प्रस्थान)

कैसियो मेरी जगह लेगा, और श्रीमान, मैं प्रार्थना करता हूँ कि आज हम सब रात को साथ-साथ भोजन करें, श्रीमान! साइप्रस में आपका स्वागत है...बकरे और बंदर...[1] (प्रस्थान)

लोडोविको : क्या यही वह वीर मूर है, जिसको हमारी सिनेट ने प्रत्येक रूप से योग्य ठहराया था! क्या यह वही व्यक्ति है जिसे आवेश कभी विचलित नहीं करता था! क्या यही है वह व्यक्ति जिसे किसी प्रकार की दुर्घटना या दुर्भाग्य प्रभावित नहीं करते थे?

इआगो : अब वे बहुत बदल गए हैं।

लोडोविको : दिमाग तो ठीक है न? क्या कुछ गड़बड़ी तो नहीं है?

इआगो : जो है सो है—लेकिन मुझे इस विषय पर अपनी राय नहीं देनी चाहिए। मैं तो परमात्मा से यही प्रार्थना करता हूँ कि यदि वे नहीं हैं, तो वैसे ही हो जाएँ जैसे उन्हें होना चाहिए।

लोडोविको : अरे, पत्नी पर हाथ उठाना!

इआगो : निश्चय; यह बहुत बुरा था। मुझे तो यही निश्चय करना है कि यही सबसे घातक आघात था!

लोडोविको : क्या उन्हें आदत है या पत्रों ने उन्हें आवेश से भर दिया था और उनमें यह दोष भर दिया था?

इआगो : हंत! निश्चय ही मेरे लिए न यह उचित ही होगा, न ठीक ही कि मैं उसको कह दूँ जो मैंने जाना और देखा है। आप भी उन्हें देखेंगे ही तो स्वयं ही न आप सब कुछ देख लें! इससे मेरी रक्षा हो जाएगी। उनके पीछे जाइए और देखिए वे क्या-क्या करते हैं!

लोडोविको : मुझे यह देखकर बड़ा दुःख हुआ है कि जो मैंने सोचा वह वैसा नहीं हुआ।

(प्रस्थान)

---

1. पहले वासना के सम्बन्ध में इआगो (अंक 3, दृश्य 3 में) इन शब्दों का प्रयोग कर चुका है।

दृश्य 2

(दुर्ग का एक कमरा)

(ऑथेलो और इमीलिया का प्रवेश)

ऑथेलो : तो तुमने कुछ नहीं देखा?

इमीलिया : न कभी सुना, न कभी संदेह ही किया?

ऑथेलो : लेकिन तुमने कैसियो और डैसडेमोना को साथ-साथ देखा है?

इमीलिया : लेकिन मैंने इसमें कोई हानि नहीं देखी और फिर मैंने उनकी बातचीत का प्रत्येक शब्द सुना।

ऑथेलो : क्या उन्होंने आपस में कोई कानाफूसी नहीं की?

इमीलिया : नहीं स्वामी!

ऑथेलो : कभी तुम्हें बाहर नहीं भेजा?

इमीलिया : कभी नहीं स्वामी!

ऑथेलो : पंखा, दस्ताने, बुर्का[1] या ऐसी कोई चीज़ लाने भी नहीं?

इमीलिया : बिल्कुल नहीं!

ऑथेलो : अजीब बात है!

इमीलिया : मैं कहती हूँ स्वामी! मैं कसम खाकर कह सकती हूँ कि वह पवित्र और पतिव्रता है। यदि आप कुछ और सोचते हैं तो उस कुटिल विचार का त्याग कर दीजिए। उससे आपकी बुद्धि विषाक्त ही होगी। यदि किसी धूर्त ने आपके मस्तिष्क में ऐसा विचार रख दिया है, तो परमात्मा करे उसे विषैला नाग डसे! क्योंकि यदि डैसडेमोना पवित्र और पतिव्रता नहीं है तो किसी भी पुरुष की पत्नी पतिव्रता नहीं हो सकती। तब तो अत्यन्त पवित्र पत्नी को भी दुराचारिणी होना ही पड़ेगा, बल्कि मैं तो व्यभिचारिणी कहने तक से न हिचकूँगी!

ऑथेलो : उसे यहाँ भेज दो!

(इमीलिया का प्रस्थान)

क्या खूब कहती है यह, लेकिन इसके पेशे की कोई भी औरत यही कहती! ये तो चाहे कितनी भी सीधी क्यों न हों यही कहेंगी, और क्या? यह तो बड़ी चालाक औरत मालूम होती है जो ऐसी लज्जाजनक बातों को ऐसे गुप्त रखती है मानो कोई अपनी गुप्त अलमारी में पत्रों को छिपाकर रखता हो। लेकिन मैंने तो उसे *(कैसियो को)* घुटनों के बल पर बैठकर प्रार्थना करते देखा है।

---

1. झीना बुर्का यूरोप में मुंह पर डाल लिया जाता था।

(डिसडेमोना और इमीलिया का प्रवेश)

डैसडेमोना : मेरे स्वामी, आपकी क्या इच्छा है?

ऑथेलो : आओ प्रिये! मेरे निकट आओ!

डैसडेमोना : क्या आज्ञा है?

ऑथेलो : मुझे अपनी आँखें देखने दो, मेरी तरफ देखो...

डैसडेमोना : यह कैसा भयानक विचार है...

ऑथेलो : (*इमीलिया से*) अब अपना रोज़ का काम करो, प्रेमियों को भीतर छोड़कर दरवाज़े पर पहरा दो, कोई आए तो खाँसना, कूखना! अपना काम करो, अपना काम! जाओ!

(इमीलिया का प्रस्थान)

डैसडेमोना : मैं आपसे सविनय पूछती हूँ कि आप कहना क्या चाहते हो? आपकी बात के पीछे एक गुस्सा छिपा है जैसे आपके दिमाग में बड़ी भयानक हलचल मच रही है।

ऑथेलो : क्यों? तुम हो कौन?

डैसडेमोना : आपकी पवित्र और पतिव्रता पत्नी हूँ!

ऑथेलो : आओ, इसकी शपथ ग्रहण करो, और अभिशाप तुम पर टूट पड़ें ताकि तुम्हारे देवदूतों के से मुख को देखकर शैतान भी तुम्हें पकड़ते हुए थिहर जाएँ! आओ, शपथ लो कि तुम पवित्र और पतिव्रता हो और पाप के लिए तुम पर शाप लद जाएँ और पाप को अस्वीकार करने के कारण तुम पर दुगना अभिशाप टूटे!

डैसडेमोना : भगवान ही वास्तविकता के ज्ञाता हैं।

ऑथेलो : हाँ, भगवान तो जानता है कि तुम बेईमान हो और नरक की भाँति मिथ्याशील हो।

डैसडेमोना : मिथ्याशील! किसके प्रति मेरे स्वामी! किसके साथ! मैं कैसे झूठी हूँ!

ऑथेलो : आह डैसडेमोना, चली जाओ, जाओ चली जाओ!

डैसडेमोना : हाय, कैसा बुरा दिन है! क्यों रोते हो मेरे स्वामी! क्या मैं ही इस सबका कारण हूँ? यदि आप समझते हैं कि इस सबके पीछे मेरे पिता के तंत्र हैं, तो इसलिए मुझे अपराधी क्यों ठहराते हैं? यदि आप उन्हें अपने लिए शत्रु और पराया ठहराते हैं तो मेरे लिए भी तो ये वही हैं जो आपके लिए हैं।

ऑथेलो : यदि भगवान को इसी से संतोष हो जाता कि मुझे भयानक दुर्भाग्य घेर लेता, यदि आकाश से मेरे शरीर पर कठोर अपमानजनक दुःख बरसते, या मैं दरिद्रता की कचोट को सहता, या मुझे अन्धकार में निवास करना पड़ता, तब भी मैं अपना धैर्य नहीं खोता। किन्तु मुझे ऐसे निरादर का पात्र बनाया है उस भगवान ने कि मेरी ओर लोग अपनी उंगलियाँ उठाएँ और मुस्कराकर तिरस्कार से इशारे करें...मैं

तो इसे भी सह लेता! किन्तु जहाँ मैंने अपने जीवन की समस्त आशाओं को संचित किया, वह स्रोत जहाँ से मेरा जीवन ही संबल ग्रहण करता है, जिसके बिना मेरे लिए केवल मृत्यु है वहीं से मैं इस प्रकार वंचित किया जाऊँ? यह विचार ही कितना विकराल है कि या तो अपने प्रेम-पात्र से ही दूर हो जाऊँ या इसको इसी प्रकार कलुषित और कलंकित होते हुए देखता रहूँ। इस हालत में तुम कितने भी रंग बदल लो, किन्तु क्या मेरे पवित्र हौज़ में गंदे मेंढक मौज से नहा-नहाकर टर्राया करेंगे? ओ गुलाबी होंठोंवाली देवदूत-सी सुन्दरी, तू मुझे नरक-सी भयानक दिखाई देती है।

डैसडेमोना : मुझे आशा है कि आप मुझे पवित्र और सच्चा समझते हैं।

ऑथेलो : निश्चय ही तुम उस मक्खी के समान पतिव्रता हो जो अंडे देते ही फिर गाभिन हो जाती है। तुम उस नरकुल की भाँति हो जो देखने को तो बहुत सुन्दर लगता है, जिसकी गंध भी बड़ी मादक होती है, किन्तु जिसको सूँघने से ही नशा आता है। काश, तुमने जन्म ही नहीं लिया होता!

डैसडेमोना : हाय! हाय! आखिर अनजाने ही सही, पर मैंने ऐसा, कौन-सा पाप कर डाला है?

ऑथेलो : क्या यह सफेद कागज़, यह सुन्दर पुस्तक, इसलिए ही इसे बनाया गया था कि इस पर शब्द लिखा जाए-'कुलटा!' पूछती हो क्या पाप किया है तुमने? ओ वेश्या! पापिनी! यदि मैं उन पापों का वर्णन करने लगूँगा तो तुम्हारे गुलाबी गाल लज्जा से ऐसे सुलग उठेंगे कि नरक की ज्वाला भी फरफरा उठेगी। ऐसी तीव्र कि तुम्हारी लज्जा को भस्म कर देगी। स्वर्ग इस पाप की दुर्गन्ध को नहीं सह सकता, न चन्द्रमा ही इसे देख सकता है।[1] इस जघन्य पाप को देखकर सर्वदयालु पवन भी ऐसा धक्का खा जाएगा कि पृथ्वी के गर्भ में छिप जाना अधिक पसन्द करेगा, न कि इस पाप का विवरण सुनना! और तुम पूछती हो तुमने क्या पाप किया है? ओ निर्लज्ज कुलटा!

डैसडेमोना : ईश्वर साक्षी है, आप मेरे साथ अन्याय कर रहे हैं!

ऑथेलो : क्या तुम विश्वासघातिनी दुश्चरित्र कुलटा नहीं हो?

डैसडेमोना : नहीं! मैं ईसाई हूँ। यदि इस देह को अपने स्वामी के लिए पवित्र रखना, किसी अन्य व्यक्ति के स्पर्श से भी दूर रखना पवित्रता है, दुश्चरित्र नहीं है, तो मैं भी पवित्र हूँ।

ऑथेलो : तो क्या तुम परपुरुषगामिनी नहीं हो?

डैसडेमोना : नहीं! मेरी आत्मा की निश्चय ही भगवान रक्षा करेंगे!

ऑथेलो : क्या यह भी हो सकता है?

डैसडेमोना : हे भगवान क्षमा कर!

---

1. अंग्रेजी में चन्द्रमा पुरुष नहीं, स्त्री है।

ऑथेलो : तब मुझे क्षमा करो। मैं तो तुम्हें ऑथेलो से विवाह करने वाली वेनिस की चालाक वेश्या समझा था (स्वर उठाकर) देवी! तुम्हारा काम नरक के द्वारों पर पहरा देने का है जैसे संत पीटर स्वर्ग के द्वार की देखभाल करते हैं।

(इमीलिया का प्रवेश)

ऐ, ऐ...तुम...हाँ, तुम ही! हम अपना काम कर चुके हैं और तुमने जो तकलीफ की है उसके लिए यह दाम लो! दरवाज़ा बन्द कर देना और जो हुआ है उसके बारे में किसी से कुछ कहना नहीं।

(प्रस्थान)

इमीलिया : आखिर इन्हें हो क्या गया है? क्या हुआ तुम्हें स्वामिनी!

डैसडेमोना : मैं जाग रही हूँ या सो रही हूँ?

इमीलिया : कहो न देवी! स्वामी को क्या हो गया है?

डैसडेमोना : किसको?

इमीलिया : मेरे स्वामी को!

डैसडेमोना : कौन है तुम्हारा स्वामी?

इमीलिया : स्वामी! वही स्वामी! और कौन! आपके स्वामी ही तो मेरे मालिक हैं।

डैसडेमोना : मेरा कोई स्वामी नहीं है। मुझसे बात मत करो इमीलिया! मैं तो रो भी नहीं सकती। आँसू के अतिरिक्त मेरे पास कोई उत्तर भी नहीं है। मैं प्रार्थना करती हूँ, आज मेरी शय्या पर मेरे विवाह की चादरें बिछा देना और सुन, तनिक अपने पति को बुलाकर ला!

इमीलिया : क्या बात है! सब कुछ कितना अजीब है। **(प्रस्थान)**

डैसडेमोना : मेरे साथ ऐसा ही व्यवहार तो उचित है। कैसा व्यवहार किया गया है मेरे साथ? मेरी किस ज़रा-सी भूल पर मुझ पर इतना बड़ा अभियोग लगाया गया है?

(इमीलिया और इआगो का प्रवेश)

इआगो : आज्ञा दें देवी! आप सकुशल तो हैं?

डैसडेमोना : मैं नहीं जानती! जो छोटे बच्चों को पढ़ाते हैं वे मीठी बातें करके उन्हें सिखाते हैं। वे हमेशा आसान तरीके अपनाते हैं। मुझे ठीक करने को तो मामूली डाँट ही काफी थी। जहाँ तक डाँट का सवाल है मैं भी बच्चे की तरह ही हूँ।

इआगो : श्रीमती! बात क्या है?

इमीलिया : दुर्भाग्य इआगो! स्वामी ने इन्हें इतनी भयानक गालियाँ दी हैं, ऐसे कड़े शब्द कहकर कुलटा कहा है कि कोई भी अच्छे हृदय की स्त्री उसे सह नहीं सकती।

डैसडेमोना : क्या मैं इसी नाम के उपयुक्त हूँ इआगो?

इआगो : कौन-सा नाम देवी!

डैसडेमोना : अभी तो इमीलिया ने कहा, वही नाम!

इमीलिया : उन्होंने इन्हें कुलटा कहा। अपनी नीचतम पत्नी से कोई भिखारी शराब के नशे में भी ऐसी बात नहीं कहता।

इआगो : ऐसा क्यों किया उन्होंने?

डैसडेमोना : मैं नहीं जानती। किन्तु निश्चय ही मेरा कोई अपराध नहीं है।

इआगो : रोइए नहीं, रोइए नहीं! कैसा दुर्दिन है!

इमीलिया : क्या देवी ने अपने पिता, देश और अनेक कुलीन व्यक्तियों के विवाह प्रस्तावों को इसलिए छोड़ा था कि वे कुलटा कहलाएँ? क्या यह रुलाने के लिए काफी नहीं है?

डैसडेमोना : यह तो मेरा ही दुर्भाग्य है।

इआगो : इसका दण्ड उन्हें भगवान देगा! यह बात उनके दिमाग में आई कैसे!

डैसडेमोना : भगवान जाने!

इमीलिया : मुझे फाँसी लग जाए, यदि यह काम किसी नागरिक, नीच, कमीने और भयानक रूप से कुटिल, नराधम, धोखेबाज़ व्यक्ति का न हो जो कि किसी पद पर नियुक्ति के लिए ऐसी योजनाबद्ध बदनामी कर रहा है। यदि ऐसा न हो तो मुझे फाँसी दे दी जाए!

इआगो : छिः! ऐसा कोई आदमी नहीं। यह असम्भव है!

डैसडेमोना : यदि कोई ऐसा हो तो भगवान उसे क्षमा करें।

इमीलिया : फाँसी की रस्सी उसे क्षमा करे! नरक में उसकी हड्डियाँ कुतर-कुतरकर चबाई जाएँ। क्यों कहता है वह इन्हें कुलटा! कौन आता है इनके पास? कब? कहां? किस तरह? कोई तुक भी हो! ऑथेलो को अत्यन्त नीच, बदमाश, किसी जघन्य खल, किसी कमीने हरामी ने बहकाया है। हे भगवान! ऐसे कमीनों की असलियत तू क्यों नहीं खोल देता? उसके तो छद्म उतारकर हर ईमानदार आदमी के हाथ में एक-एक कोड़ा दे दिया जाए और संसार भर में पूरब से पश्चिम तक ऐसे कमीने को नंगा करके इतने कोड़े मारे जाएँ...

इआगो : तनिक धीरे बोलो!

इमीलिया : धिक्कार है! ऐसा ही कोई नीच था जिसने तुम्हारी भी मति फेर दी थी और तुमने मुझपर और मूर पर संदेह किया था।

इआगो : तुम मूर्ख हो, जाओ यहाँ से!

डैसडेमोना : ओ अच्छे इआगो! मैं स्वामी का प्रेम प्राप्त करने के लिए फिर क्या करूँ? तुम मेरे शुभाकांक्षी हो। उनके पास जाओ! मैं आकाश के ज्वलन्त पिण्डों की शपथ खाकर कहती हूँ, मैं नहीं जानती कि कैसे वे मुझसे क्रुद्ध हो गए हैं! मैं यहाँ घुटनों के बल बैठी हूँ, यदि कभी मेरी इच्छा उनके प्रेम के विरुद्ध गई हो, बातों में, विचारों

में या कार्यों में-'मनसा-वाचा-कर्मणा' कभी मैं उनके विरुद्ध रही हूं, या कभी मेरी आँखों, मेरे कानों, मेरी किसी भी इन्द्रिय ने उनके अतिरिक्त किसी अन्य रूप में आनन्द का अनुभव किया हो, या यह कि मैंने उन्हें प्यार नहीं किया था या नहीं कर रही, या नहीं करूँगी। चाहे वे मुझे एक भिखारिन, एक दासी की भाँति क्यों न रखें तब भी मैं उन्हीं को अपना सर्वस्व समझूँगी, चाहे उनकी निष्ठुरता मेरे जीवन को नष्ट कर दे। किन्तु मेरे जीवन पर प्रभाव नहीं पड़ेगा, किन्तु फिर भी मैं वह शब्द 'कुलटा' तो कह भी नहीं सकती। उसे कहने में ही मैं घृणा से काँप उठती हूँ। यदि सारे संसार का वैभव भी मुझे उसके बदले में मिल जाए तब भी मैं ऐसा पाप नहीं कर सकती।

इआगो : मैं आपसे याचना करता हूँ कि आप धैर्य धारण करें! वह तो एक जोश-भर है, शायद राज-काज ने उन्हें अस्थिर कर दिया है कि वे आपको यों डाँट गए हैं।

डैसडेमोना : मैं भी यही चाहती हूँ कि बस यही कारण हो...

इआगो : मुझे विश्वास है, यही बात है।

(नेपथ्य में तूर्यनाद)

सुनिए! अब रात का भोजन प्रारम्भ होने की आवाज़ है यह। वेनिस के दूत भोजन के लिए प्रतीक्षा कर रहे होंगे। रोइए नहीं! भीतर जाइए सब जल्दी ही ठीक हो जाएगा।

(डैसडेमोना और इमीलिया का प्रस्थान; रोडरिगो का प्रवेश)

कहो रोडरिगो, क्या हाल है?

रोडरिगो : तुमने मेरे साथ कितनी ज़्यादती की है, कभी इस पर सोचते हो?

इआगो : क्यों, मैंने तुम्हारे खिलाफ क्या किया है?

रोडरिगो : कोई न कोई बहाना करके तुम रोज़ टाल देते हो। अब तो यह साफ दिखाई दे रहा है कि तुम मेरी आशाएँ पूरी करने की बजाय मुझे उनसे दूर ले जा रहे हो। मैं इसे और नहीं सह सकता, न मैंने जो नुकसान उठाया उस पर चुप रह जाऊँगा। मैंने कितनी मूर्खता से तुम्हारे हाथ इतनी हानि उठाई है?

इआगो : मेरी बात भी सुनोगे तुम?

रोडरिगो : बहुत सुन लिया! मेरा धीरज चुक गया। जो तुम कहते हो, तुम्हारा मतलब हमेशा उससे अतिरिक्त ही कुछ होता है।

इआगो : क्या बेवजह इल्ज़ाम लगा रहे हो!

रोडरिगो : नहीं! मैं ठीक ही तुम पर दोष लगा रहा हूँ। मैंने डैसडेमोना को भेंट पहुँचाते-पहुँचाते अपना सारा धन ही नष्ट कर दिया। मैंने जो उसे पहुंचाने को तुम्हें

जवाहरात दिए थे उनसे तो गिरजे की कोई साध्वी भी ललचा जाती। तुम कहते हो वह सब उसने ले लिए हैं और बदले में तुम्हें आशा दी है कि शीघ्र ही वह मुझसे मिलेगी। लेकिन मुझे ऐसी कोई बात नज़र नहीं आती!

इआगो : तो चलो, हो गया, यही सही!

रोडरिगो : यही सही! चलो! हो गया! मैं जा नहीं सकता अब, समझे! यही सही से भी काम नहीं चलेगा। यह तो धोखा है। मुझे तो इस मामले में ठग लिया गया है!

इआगो : बहुत खूब!

रोडरिगो : बहुत खूब, कहाँ है? मैं डैसडेमोना के पास जाऊंगा, अगर वह मेरे जवाहरात लौटा देगी तो मैं तो इस दौड़ को छोड़ दूँगा और इस गैरकानूनी मुहब्बत से बाज़ आऊँगा। नहीं तो समझ लो, मैं तो तुमसे जवाब माँगूँगा।

इआगो : बस अब कह चुके या और कुछ बाकी है?

रोडरिगो : मैंने ऐसा कुछ नहीं कहा जो मैं करके न दिखा दूँगा।

इआगो : तब तो मुझे लगता है तुममें अभी कुछ जान बाकी है और आइंदा तुम्हारे बारे में अपनी राय भी बेहतर बनानी होगी। लाओ रोडरिगो! मुझे अपना हाथ दो! तुम्हारी शिकायत में इंसाफ है वह उचित है, लेकिन मैंने तुम्हारे साथ निहायत अच्छा व्यवहार किया है।

रोडरिगो : ऐसा नज़र तो नहीं आया।

इआगो : हाँ, सच है कि अभी ज़ाहिरा तौर पर ऐसा कुछ नज़र नहीं आया। तुम्हारे शक भी बेबुनियाद और बेकार नहीं हैं! लेकिन रोडरिगो! अगर तुम्हारा मकसद सच्चा है, तुममें धीरज और बहादुरी है तो आज रात इसका सबूत दो। मुझे विश्वास है कि पहले के बनिस्बत तुममें ये बातें अब पहले से कहीं ज्यादा हैं। कल रात ही अगर तुम डैसडेमोना के साथ मज़े न उड़ाने आओ तो भले ही किसी भी धोखे से, कितनी ही तकलीफ देकर तुम मुझे इस दुनिया से ही उठा देना!

रोडरिगो : बताओ फिर! क्या बात है? क्या वह ऐसी है जो मैं कर सकता हूँ, जो उचित है?

इआगो : जनाब! वेनिस से एक विशेष कमीशन *(दल)* आया है, कैसियो को ऑथेलो की जगह दिलाने।

रोडरिगो : क्या यह सच है? तो क्या ऑथेलो और डैसडेमोना वेनिस लौट जाएंगे?

इआगो : अरे नहीं! वह तो मॉरीटानिया जाएगा और संग में सुंदरी डैसडेमोना को ले जाएगा। यह है योजना; बशर्ते कोई रुकावट नहीं पड़ी। इस मामले में कैसियो को हटा देने से बेहतर कोई तरकीब नहीं।

रोडरिगो : कैसियो को हटा देने से तुम्हारा क्या मतलब है?

इआगो : हाँ, अगर तुममें अपने को फायदा पहुँचाने की कोई हिम्मत है, बशर्ते तुम एक ठीक काम कर सको। आज रात वह एक वेश्या के घर खाना खाएगा। वहाँ मैं भी उसके साथ जाऊँगा। उसे अभी पता नहीं है कि उसकी किस्मत खुल गई है। अगर तुम उसके वहाँ जाने की टोह में रहोगे तो तुम्हें मौका मिल जाएगा। और मैं ऐसा कर दूँगा कि यह वक्त बारह और एक के बीच में हो। और फिर तुम्हारी मदद को मैं तुम्हारे पास रहूँगा। वह हमारे बीच में ही तो रहेगा। सुना! चौंकते क्यों हो! मेरे साथ चलो! मैं तुम्हें उसके मरने का ऐसा कारण बताऊँगा कि तुम्हें तो उसे मारने से रुकना कठिन हो जाएगा। अब तो खाने का वक्त हो गया और रात भी काफी हो गई है। तुम चलो!

रोडरिगो : तो फिर मुझे इसके और कारण बताओ!

इआगो : ज़रूर! मैं तुम्हें इसका यकीन दिला दूंगा।

(प्रस्थान)

<h3 style="text-align:center">दृश्य 3</h3>

(स्थान–दुर्ग का एक कमरा)

(ऑथेलो, लोडोविको, डैसडेमोना, इमीलिया तथा सेवकों का प्रवेश)

लोडोविको : मैं प्रार्थना करता हूँ श्रीमान्, कि इस विषय में अब आप अधिक चिन्ता न करें।

ऑथेलो : क्षमा करें! घूमने से मुझे चैन मिलेगा।

लोडोविको : नमस्कार श्रीमती! मैं आपको धन्यवाद देता हूँ।

डैसडेमोना : श्रीमान् के आगमन से मुझे प्रसन्नता है। क्या आप घूमने जाएँगे?

ऑथेलो : आह डैसडेमोना!

डैसडेमोना : मेरे स्वामी!

ऑथेलो : तुरन्त सोने चली जाओ! मैं अभी लौटकर आता हूँ। अपनी नौकरानी को वहाँ से छुट्टी दे देना! ऐसा ही हो।

डैसडेमोना : जो आज्ञा स्वामी!

(ऑथेलो, लोडोविको और सेवकों का प्रस्थान)

इमीलिया : यह कैसी बात है? इस समय तो पहले की तुलना में वे बड़े नरम दिखाई देते हैं।

डैसडेमोना : उन्होंने कहा है, वे शीघ्र लौटेंगे। उन्होंने कहा है कि मैं सोने जाऊँ और तुम्हें छुट्टी दे दूँ।

इमीलिया : मुझे छुट्टी दे दो?

डैसडेमोना : यह उनकी आज्ञा है, इसलिए मेरी अच्छी इमीलिया! मेरे सोने के वस्त्र दे दो और जाओ! अब हमें उन्हें और क्रुद्ध नहीं करना चाहिए।

इमीलिया : अच्छा होता तुम उनसे कभी मिली ही न होतीं!

डैसडेमोना : नहीं, मैं ऐसा कभी नहीं चाह सकती। मेरा प्रेम उनको इतना बढ़ा-चढ़ाकर देखता है कि उनका क्रोध, उनका डाँटना, उनकी कठोरता, सबमें मुझे सौन्दर्य दिखाई देता है। मेरे वस्त्र उतारो न!

इमीलिया : मैंने बिस्तरे पर वह चादरें बिछा दी हैं, जिन्हें बिछाने को तुमने कहा था।

डैसडेमोना : एक ही बात है। सच, हम कभी-कभी कितने बेवकूफ बन जाते हैं। यदि मैं तुमसे पहले मर जाऊँ तो मुझे इन्हीं में से एक चादर से ढंक देना।

इमीलिया : रहने दो। बेकार की बातें करना शुरू कर दिया!

डैसडेमोना : मेरी माता की एक सेविका थी, उसका नाम था बार्बरा। वह किसी से प्रेम करती थी जो पागल हो गया और उसे छोड़ गया। वह अक्सर एक बहुत ही दुःख-भरा गाना गाया करती थी। वह उसे गाते हुए ही मरी थी। पता नहीं आज रात मुझे वही गाना क्यों याद आ रहा है। जाने क्यों मन करता है उसी की तरह एक ओर सिर लटकाकर उसी की भाँति इस गाने को गाऊँ। जल्दी करो न!

इमीलिया : क्या आपका रात का चोगा लाऊँ?

डैसडेमोना : नहीं, यह गांठ खोल दो! यह लोडोविको सुन्दर व्यक्ति है।

इमीलिया : सच, बहुत सुन्दर है। वेनिस में एक ऐसी स्त्री को मैं जानती हूँ जो लोडोविको से एक चुम्बन के पाने के लिए फिलिस्तीन जैसी दूरी से भी पैदल आ जाती!

डैसडेमोना :

गीत

चीड़ के ऊँचे घने तरु की सलोनी छाँह में,

दीन मन कितनी न भर ली आह है

गीत गाती जा सलोनी बेल से

हृदय पर रखकर, धरे शिशु जानु पर,

गीत गाती जा सलोनी बेल से

विमल झरने बह रहे मृदु शब्द कर

वेदना उनकी बनी मर-मर मंदिर

गीत गाती जा सलोनी बेल से

अश्रु बहते नयन से उर क्षार-भर

पिघलते पाषाण के भी वज्र स्तर...

जल्दी जाओ, वे आते होंगे!

गीत

यह बने गलहार मेरा बेल[1] ही

दोष दो उसको न कोई तुम कहीं,

बहुत निर्दयता दिखाए वह कहीं

तो मुझे वह प्रिय लगे, सुन्दर यहीं...

वह कपड़े नहीं...सुनो! कोई द्वार खटखटाता है...

इमीलिया : वह तो हवा है।

डैसडेमोना :

गीत

झूठ मैंने प्यार को अपने कहा

जानती हो तब सजन ने क्या कहा

गीत गाती जा सलोनी बेल से

यदि करूँ वह प्रेम पर-नारी मिले

तो पुरुष-पर देख तेरा मन खिले-

अच्छा, तू जा! गुडनाइट! मेरी आँखों में दर्द हो रहा है। क्या मुझे रोना पड़ेगा?

इमीलिया : यह तो कोई बात नहीं है।

डैसडेमोना : मैंने लोगों को ऐसा कहते सुना है। आह! ये पुरुष! पुरुष! सच बता इमीलिया! क्या तू समझती है ऐसी भी स्त्रियाँ हैं जो अपने पति से विश्वासघात करती हैं?

इमीलिया : निश्चय ऐसी भी स्त्रियाँ होती हैं।

डैसडेमोना : क्या संसार में किसी कीमत पर तू भी ऐसा पाप कर सकती है?

इमीलिया : क्यों, क्या तुम न करोगी?

डैसडेमोना : आकाश के ज्वलंत पिण्ड की शपथ! मैं तो नहीं करूँगी।

इमीलिया : आकाश के ज्वलंत पिण्ड के आलोक में तो मैं भी नहीं करूँगी, हाँ, रात में तो कर डालूँगी।

डैसडेमोना : क्या तू ऐसा पाप संसार के धन के लिए करेगी,

इमीलिया : संसार तो बहुत बड़ा है और इसीलिए एक तनिक-से पाप का यह तो बड़ा मूल्य है!

---

1. अंग्रेज़ी में है–'विलो विलो विलो...' यह एक झाड़ी होती है। हिंदी में इसी से मैंने इसे बेल कर दिया है।

डैसडेमोना : मैं निश्चय जानती हूँ, तुम ऐसा पाप कभी नहीं करोगी।

इमीलिया : क्यों? मैं समझती हूँ ज़रूर कर लूँगी। लेकिन करने के बाद; अपने पति से क्षमा माँग लूँगी। मेरी की शपथ! मैं मामूली मुआवज़े के लिए ऐसा गुनाह नहीं करूँगी कि एक अंगूठी ले ली, या कुछ गज़ लिनिन के कपड़े का टुकड़ा या टोप या चोगे या पेटीकोट या ऐसी ही कोई और वस्तु ही क्यों न हो? भले ही मेरे पति को अपमान मिले किन्तु यदि उन्हें संसार के सम्राट का पद मिले तो मैं अवश्य ऐसा कर लूँगी। ऐसे परिणाम के लिए तो मैं नरक में भी दण्ड भोगने को तत्पर हूँ।

डैसडेमोना : ईश्वर का दण्ड गिरे मुझपर जो सारे संसार का वैभव भी मुझसे ऐसा पाप करा ले!

इमीलिया : पाप क्या है? लोकाचार में पाप है और जब तुम संसार के ही स्वामी बन गए तो फिर उसका अनुकूल उपाय भी किया जा सकता है।

डैसडेमोना : मैं नहीं समझती कि ऐसी भी कोई स्त्री हो सकती है।

इमीलिया : दर्जनों हैं, और इतनी कि अनाचार की संतान से संसार को भर सकती हैं। उनकी तो क्रीड़ा ही ऐसी है। किन्तु यह स्त्रियाँ विश्वासघातिनी होती हैं तो मैं इसके लिए उनके पतियों को ही दोषी समझती हूँ। जब वे अपने कर्तव्यों का ठीक से पालन नहीं करते, या अन्य स्त्रियों, पर-पत्नियों के अधिकार न्यौछावर कर देते हैं, या अनावश्यक रूप से अकारण ही ईर्ष्यालु होकर पत्नियों पर बंधन बाँधते हैं, या उन्हें मारते हैं या विद्वेष से उनका खर्चा कम कर देते हैं, तब हमारे भी तो गुस्सा होता है, हममें भी तो बदला लेने की भावना होती है, भले ही हमें अधिक दयालु कहा जाता है। प्रत्येक पति को जानना चाहिए कि हममें भी उन्हीं के समान भावनाएँ होती हैं। उन्हीं के समान पत्नियाँ भी देख सकती हैं, सूँघ सकती हैं, अच्छे-बुरे, सुन्दर-असुन्दर की पहचान कर सकती हैं। हमारे लिए सुरक्षित प्रेम को वे अन्य स्त्रियों को क्यों दे देते हैं? क्या यह केवल खेल है? क्या यह अंशतः वासना, अंशतः स्नेह और कुछ सीमा तक मानवीय निर्बलता नहीं है? वही बात हमारी भी है, इसीलिए उन्हें हमारे साथ उचित व्यवहार करना चाहिए। अन्यथा उन्हें जानना चाहिए कि जब वे हमारे विरुद्ध पहला पाप करते हैं, तभी हम भी पाप करना सीख जाती हैं।

डैसडेमोना : गुडनाइट! गुडनाइट! भगवान करे! मुझमें बुरा देखकर बुरा करने की भावना न जागे, किन्तु बुरा देखकर मुझमें अपने को और सुधार लेने की भावना ही जाग्रत हो!

(प्रस्थान)

पाँचवाँ अंक

दृश्य 1

(साइप्रस की सड़क)

(इआगो और रोडरिगो का प्रवेश)

इआगो : देखो! यहाँ इस निकले हुए मकान के हिस्से की आड़ में खड़े हो जाओ। वह सीधा इधर ही से आएगा। म्यान में से तलवार निकाल लो और जब वह यहाँ पहुँचे उसके शरीर में पूरी घुसेड़ देना! जल्दी करना, डरना मत! मैं पास ही रहूँगा। एक वार की बात है, इधर या उधर! वरना मौका जाता रहेगा। यह याद रखना और मज़बूती से दिल को कड़ा कर लेना।

रोडरिगो : तुम पास ही रहना, शायद मैं ठीक से न कर सकूँ।

इआगो : हाँ-हाँ, मैं यहीं हूँ। हिम्मत बांधो और यहीं खड़े रहो। *(जाता है।)*

रोडरिगो : मेरी तो यह काम करने की कोई विशेष इच्छा नहीं है, लेकिन उसने मुझे कारण तो ठीक बताए हैं। मुझे यह काम करना ही चाहिए। क्या है! ज़्यादा से ज़्यादा इसका मतलब है कि दुनिया में एक आदमी और कम हो गया। एक बार मेरी तलवार मूठ तक घुसी और फिर वह सदा के लिए उठ जाएगा।

इआगो : मैंने इस नौजवान बेवकूफ को पूरी तरह भड़का दिया है। वह बहुत नाराज़ हो गया है। अब यह तो मेरे फायदे की चीज़ है कि वह कैसियो को मारता है या कैसियो उसे, या दोनों एक-दूसरे को। रोडरिगो अगर ज़िंदा रहता है तो वह अपना धन और जवाहरात माँगेगा जो सब मैंने उससे डैसडेमोना के नाम से धोखा देकर हड़प लिया है। यह तो नहीं होना चाहिए। अगर कैसियो जीवित रहता है तो उसके चरित्र की उदात्तता मेरे कार्य की नीचता की तुलना में और भी नीचतम प्रदर्शित करेगी। और फिर मूर भी उसके सामने मेरी बात खोल सकता है। इस सबसे यह साफ है कि मैं आज बड़े खतरे में हूँ। नहीं, उसे भी मरना ही चाहिए। शायद वह आ रहा है, आहट हो रही है।

(कैसियो का प्रवेश)

रोडरिगो : उसके चलने के ढंग से ही पता चलता है कि वह कैसियो ही है। ओ नीच! अब तू मरा!

(तलवार का वार करता है।)

कैसियो : तेरा वार पक्का बैठता अगर मैं ऐसा कवच भीतर न पहने होता जिसमें तलवार की नोक अटक जाती है। तू सोच भी नहीं सका। अब ले, मेरी बारी है।

(तलवार खींचकर रोडरिगो को घायल करता है।)

रोडरिगो : हाय! हाय! मैं मर गया! मैं मर गया!

(इआगो पीछे से कैसियो के पैरों पर भारी ज़ख़्म कर भाग जाता है।)

कैसियो : मैं हमेशा के लिए लंगड़ा हो गया। बचाओ, बचाओ, खून! खून! **(गिरता है।)**

(ऑथेलो का प्रवेश)

ऑथेलो : यह तो कैसियो की आवाज़ है। तब तो इआगो ने अपना वादा पूरा किया।

रोडरिगो : हाय, मैं कितना नीच हूँ!

ऑथेलो : सच कहता है।

कैसियो : बचाओ-बचाओ! डॉक्टर को बुलाओ!

ऑथेलो : यह तो कैसियो ही है। ओ वीर और ईमानदार इआगो! तूने किस वीरता से मेरे प्रति अन्याय का बदला लिया है। तूने मेरे सामने एक उदाहरण प्रस्तुत किया है। ओ विश्वासघातिनी स्त्री! देख, यह तेरा प्रेमी मरा पड़ा है और शीघ्र ही तेरा नीच अन्त भी समीप आ रहा है। ओ दुश्चरित्रे! मैं तेरे पास आ रहा हूँ। अपने हृदय से मैं तेरी मोहिनी को, तेरे सुन्दर नेत्रों को, दूर कर रहा हूँ। वह शय्या जिसे तूने व्यभिचार से अपवित्र किया है अब तेरे लहू से भीग जाएगी, वासना की पुतली!

(प्रस्थान)

(लोडोविको और ग्रेशियानो का प्रवेश)

कैसियो : अरे कोई चौकीदार नहीं? कोई राही नहीं? खून! खून!

ग्रेशियानो : कोई दुर्घटना हुई है। बड़ी भयानक आवाज़ है।

कैसियो : बचाओ! बचाओ!

लोडोविको : सुनो-सुनो?

रोडरिगो : ओ नीच कमीने!

लोडोविको : दो या तीन कराह रहे हैं। बड़ी अँधेरी रात है। हो सकता है यह कोई जाल ही हो! अक्ल से काम लेना चाहिए! जब तक और लोग न आ जाएँ वहाँ जाना ठीक नहीं।

रोडरिगो : कोई नहीं आता! हाय, सारा खून बह जाएगा! मौत ही आ रही है...

लोडोविको : सुनो-सुनो!

(इआगो का बत्ती के साथ प्रवेश)

ग्रेशियानो : वह कोई कमीज़ पहने आ रहा है, बत्ती लिए हथियारों से सजा है।

इआगो : कौन है वहाँ? खून-खून करके कौन चिल्ला रहा है?

लोडोविको : हम नहीं जानते।

इआगो : क्या तुमने पुकार नहीं सुनी?

कैसियो : यहाँ भाई यहाँ! भगवान के लिए मदद करो, बचाओ मुझे...

इआगो : बात क्या है?

ग्रेशियानो : जहाँ तक मैं समझता हूँ यह तो ऑथेलो का ऐन्शेण्ट है।

लोडोविको : हाँ, है तो वही। बड़ा बहादुर आदमी है।

इआगो : कौन यहाँ इस बुरी तरह चिल्ला रहा है?

कैसियो : इआगो! हाय मैं मारा गया। गुण्डों ने घेर लिया, मुझे बचाओ, मेरी मदद करो...

इआगो : अरे तुम! लेफ्टिनेण्ट! किन बदमाशों ने यह हाल कर दिया!

कैसियो : मेरे ख्याल से उनमें से एक तो यहीं पड़ा है कहीं, वह अधिक दूर नहीं गया होगा।

इआगो : ओ धोखेबाज बदमाशो!

(लोडोविको और ग्रेशियानो) तुम यहाँ क्या कर रहे हो! यहाँ आओ और कुछ मदद करो!

रोडरिगो : मैं यहाँ हूँ, ज़रा सहारा दो!

कैसियो : वह रहा उनमें से एक!

इआगो : ओ खूनी गुलाम? ओ कमीने।

(रोडरिगो को छुरा मार देता है।)

रोडरिगो : ओ नीच इआगो! ओ नराधम कुत्ते!

इआगो : आदमियों को अँधेरे में मारते हो? कहां है ये खूनी बदमाश? नगर कितना स्तब्ध है! खून-खून! तुम कौन हो? तुम भले हो या बदमाश?

लोडोविको : यह तो तुम हमारा व्यवहार देखकर ही जानोगे!

इआगो : कौन? श्रीमान् लोडोविको?

लोडोविको : हां, मैं ही हूँ।

इआगो : क्षमा करें। यहां कैसियो गुण्डों के हाथों घायल होकर पड़े हैं।

ग्रेशियानो : कैसियो!!

इआगो : कैसे हो भैया रे। क्या हुआ?

कैसियो : मेरे पांव के दो टुकड़े हो गए हैं।

इआगो : मेरी बचाए! हे ईश्वर! रोशनी लाइए? मैं श्रीमान्, इस पर अपनी कमीज़ से पट्टी बाँधूँगा।

(बियान्का का प्रवेश)

बियान्का : क्या बात हुई? अरे कौन चिल्लाया था?

इआगो : कौन चिल्लाया था?

बियान्का : हाय, मेरे प्यारे कैसियो! मेरे प्रिय कैसियो! ओ कैसियो! कैसियो! कैसियो!

इआगो : ओ विख्यात दुराचारिणी वेश्या! *(कैसियो से)* क्या तुम बता सकते हो, वे खूनी बदमाश कौन थे?

कैसियो : नहीं।

ग्रेशियानो : तुम्हारी यह दशा देखकर मुझे सचमुच बहुत दुःख हो रहा है। मैं तो तुम्हें ढूँढ रहा था।

इआगो : ज़रा इस पट्टी को सँभालने को एक गेटिस दीजिए। बस अब इन्हें आराम से ले चलने को हमें एक कुर्सी चाहिए।

बियान्का : हाय, मुझ पर पहाड़ टूटे। वे तो बेहोश हो गए! कैसियो! कैसियो! कैसियो!

इआगो : सम्भ्रान्त नागरिको! मैं इस बेकार के प्राणी पर सन्देह करता हूँ। यह ज़रूर इस हमले में शामिल है। ज़रा ठहरिए। रुको कैसियो! हिम्मत रखो! लाओ, मुझे रोशनी थमाओ! हाँ, क्या हम इस चेहरे को पहचानते हैं! हाय! मेरे दोस्त, मेरे प्रिय स्वदेशवासी! रोडरिगो नहीं, अरे हाँ, निश्चय!! हे भगवान्! रोडरिगो!

ग्रेशियानो : कौन वेनिस का?

इआगो : वही-वही श्रीमान्! क्या आप इसे जानते थे?

ग्रेशियानो : जानता था! हां, हां!

इआगो : श्रीमान! ग्रेशियानो!! मुझे क्षमा करें। इस खूनी झमेले में मैं आपको अब तक पहचान नहीं सका!

ग्रेशियानो : तुम्हें देखकर मुझे खुशी हुई!

इआगो : क्या हालत है कैसियो! एक कुर्सी चाहिए, एक कुर्सी!

ग्रेशियानो : रोडरिगो!

इआगो : वही-वही, हाँ वही है! *(एक कुर्सी लाई जाती है।)* यह ठीक रहा। कुर्सी आ गई। कोई भला आदमी इसे ले चले यहाँ से अब। होशियारी से! मैं जनरल के

डॉक्टर को लाता हूँ। *(बियान्का से)* हाँ जी श्रीमती! आप अपनी परेशानी छोड़ दीजिए! कैसियो! यह जो यहाँ मरा पड़ा है, मेरा दोस्त था, प्यारा दोस्त! उसकी तुमसे क्या दुश्मनी थी?

कैसियो : कोई दुश्मनी नहीं थी। मैं तो उसे जानता तक नहीं।

इआगो : *(बियान्का से)* तुम क्यों पीली पड़ गई हो? *(कुर्सीवालों से)* अरे उन्हें ठण्डी हवा से हटा ले चलो!

(कैसियो और रोडरिगो वहां से हटाए जाते हैं।)

सम्भ्रान्त नागरिको! ज़रा ठहरिए! हाँ श्रीमती! तुम इतनी पीली क्यों पड़ गई हो? देखते हैं नागरिक गण! इसकी आंखों में कैसी भयानकता है? नहीं-नहीं, तुम भले ही चुप खड़ी रहो, बिना बोले ऐसे ही देखती रहो, लेकिन हम जल्दी ही सारे मामले की तलाश कर लेंगे। श्रीमान्, मैं विनय करता हूं कि इस पर नज़र रखी जाए और आप साफ देखेंगे कि इसका चेहरा ही सारे अपराध बता देगा।

(इमीलिया का प्रवेश)

इमीलिया : अरे! क्या बात हो गई? मेरे स्वामी को क्या हो गया?

इआगो : कैसियो पर अँधेरे में रोडरिगो ने अपने साथियों के साथ हमला किया। कैसियो के बहुत चोट आई है, रोडरिगो मर गया है।

इमीलिया : हाय! बेचारा कैसियो! हाय-हाय! कैसा भला आदमी है!

इआगो : यह है वेश्याओं के पीछे लगे रहने का नतीजा! इमीलिया! इसका पता लगाओ, आज रात कैसियो ने खाना किसके यहां खाया है। *(बियान्का से)* तुम क्यों घबरा रही हो यह सुनकर?

बियान्का : मैं नहीं कांपती। उन्होंने मेरे यहाँ भोजन किया था!

इआगो : अच्छा, तो यही बात है? तो मैं हुक्म देता हूँ कि तुम भी साथ चलो हमारे।

इमीलिया : धिक्कार है तुझे रंडी!

बियान्का : मैं रंडी नहीं हूं, जो तुम मुझे गाली दे रही हो। मैं भी तुम्हारी ही भांति ईमानदारी से रहती हूँ।

इमीलिया : मुझ जैसी! ओ रहने दे! तुझ पर धिक्कार है।

इआगो : दयालु नागरिको, पहले चलकर कैसियो के ज़ख्मों को देखें! चलो, अब कोई दूसरी ही कहानी सुनाना। इमीलिया! तुम तुरन्त दौड़कर दुर्ग में जाओ और स्वामी और स्वामिनी से जो हुआ है वह सुनाओ! *(लोडोविको और ग्रेशियानो से)* आप तो चलेंगे न? *(स्वगत्)* आज की रात है, या तो मुझे बना देगी या बिल्कुल बिगाड़ देगी!

(प्रस्थान)

दृश्य 2

(दुर्ग में शयनागार)

**(डैसडेमोना शय्या पर सो रही है; ऑथेलो दीप
के साथ प्रवेश करता है।)**

ऑथेलो : ओ मेरी आत्मा! यही कारण है, यही कारण है; ओ पवित्र नक्षत्रो! मैं तुम्हारे सामने इस जघन्य पातक को कहते हुए भी हिचकता हूँ। यह ऐसा ही कारण है। फिर भी मैं इसका रक्त नहीं बहाऊँगा। न इसकी हिम श्वेत त्वचा की ही हानि करूँगा और न इसकी स्निग्ध-श्वेत मर्मर की सुघड़ प्रतिमा जैसी देहयष्टि को ही विकृत करूँगा। किन्तु इसे मरना ही होगा, अन्यथा यह न जाने कितने लोगों को छलेगी! दीप बुझा दूँ और फिर यह दीपक भी बुझा दूँ! ओ ज्वलंत आलोक! यदि मैं तुझे बुझाता हूं और फिर मुझे खेद होता है तो फिर प्रदीप्त भी कर सकता हूँ। किन्तु ओ प्रकृति की कौशल की पराकाष्ठा! एक बार यदि मैंने तुझे बुझा दिया तो तुझे फिर से प्रदीप्त करने के लिए मैं फिर वह दैवी[1] ज्वाला कहां से लाऊँगा जो तू फिर लक-लककर उठे। एक बार गुलाब को तोड़ लेने के बाद तो वह मुरझाएगा ही, क्योंकि मैं उसे जीवंत शक्ति नहीं दे सकता। इसलिए मैं इसे सूँघ तो लूँ! (*डैसडेमोना का चुंबन लेता है।*) इससे पहले कि वह मुरझा जाए, मैं इसे वक्ष पर ही सूँघ लूँ! आह! गंधित श्वास! तू तो मुझे विवश कर रही है कि मैं न्याय के खड्ग का संचालन भी रोक दूँ। एक बार और! यद्यपि न्याय कहता है कि मेरे लिए तेरी मृत्यु आवश्यक है, किन्तु यदि मृत्यु के उपरान्त भी तू ऐसी सुन्दर दिखाई दी तो मैं तुझे फिर भी प्यार करूँगा। एक चुंबन और, यही अन्तिम है! तुझ जैसा रूप इतना घातक और भयानक तो कभी नहीं था! तेरे भाग्य पर आँसू बहाए बिना मैं नहीं रह सकता, किन्तु मेरे आँसू मेरे हृदय को नहीं पिघलाते कि मैं अपना दृढ़ निश्चय ही बदल लूँ! आह निठुर आँसुओ! कितनी दैवी वेदना है! यह वहीं प्रहार करती है जहाँ इसका संचित प्रेम है! यह तो जाग रही है!

डैसडेमोना : कौन है? ऑथेलो?

ऑथेलो : हाँ डैसडेमोना!

डैसडेमोना : क्या आप शय्या पर आएँगे स्वामी?

ऑथेलो : आज रात तुमने प्रार्थना कर ली डैसडेमोना?

डैसडेमोना : हाँ स्वामी!

ऑथेलो : यदि तुम्हें अपना कोई ऐसा अपराध याद आता है जिसकी तुमने ईश्वर से क्षमा-याचना नहीं की है, तो शीघ्र ही उसे समाप्त कर लो!

---

1. प्रोमेथियस एक देवता था, जिसने मनुष्यों को अग्नि दी थी। यहाँ प्रोमोथियस अग्नि का अर्थ दैवी ज्वाला है।

डैसडेमोना : क्या कहते हैं स्वामी?

ऑथेलो : ऐसा ही करो और शीघ्र ही हो! मैं यहीं टहल रहा हूँ। मैं अनुद्धत आत्मा का नाश नहीं करूँगा। नहीं! ईश्वर क्षमा करें। मैं तुम्हारी आत्मा का नाश नहीं करूँगा।

डैसडेमोना : क्या आप हत्या की बात कर रहे हैं!

ऑथेलो : हाँ, हत्या ही!

डैसडेमोना : हे ईश्वर! मुझ पर दया कर!

ऑथेलो : मेरे हृदय की आवाज़ है- आमीन!

डैसडेमोना : आप यह कहते हैं, तो शायद मुझे मारेंगे नहीं?

ऑथेलो : हूँ!

डैसडेमोना : फिर भी मुझे आपसे डर लगता है, क्योंकि जब आपकी आँखें इस तरह घूमती हैं, मैं जानती हूँ आप भयानक हो जाते हैं। क्योंकि मैं निर्दोष हूँ और कोई कारण भी नहीं है, फिर मैं क्यों भयभीत रहूं? फिर भी न जाने क्यों मुझे भय लग रहा है!

ऑथेलो : अपने पापों का स्मरण कर लो!

डैसडेमोना : वे और कुछ नहीं, आपको प्रेम करना अवश्य एक है।

ऑथेलो : हाँ, और उसी के लिए तुम्हें मरना होगा।

डैसडेमोना : किन्तु तुम्हें प्रेम करने से मुझे मरना होगा! क्या यह अस्वाभाविक नहीं? हाय! तुम क्यों अपने होंठ चबा रहे हो? अवश्य ही तुम्हारा हत्या करने का विचार है जो तुम इस तरह काँप रहे हो; किन्तु मुझे आशा है, मैं आशा करती हूँ, ये सब मेरे लिए तो नहीं है?

ऑथेलो : चुप रहो! शांत! हिलो नहीं!

डैसडेमोना : मैं नहीं हिलूँगी, लेकिन बात क्या है?

ऑथेलो : वह रूमाल जिसे मैं इतना चाहता था और मैंने तुम्हें दिया था, वह तुमने कैसियो को दे दिया?

डैसडेमोना : अपने जीवन और प्राणों की क़सम खाकर कहती हूँ—नहीं! उसे बुलाओ और पूछ लो!

ऑथेलो : ओ सुन्दर आत्मा! अब मिथ्या शपथ से सावधान रहो! तुम अपनी मृत्यु-शय्या पर हो।

डैसडेमोना : नहीं, अभी से मृत्यु के लिए तो नहीं?

ऑथेलो : हाँ-हाँ अभी। इसीलिए स्वतंत्रता से अपने-आपको स्वीकार कर लो! क्योंकि यदि तुम एक-एक करके भी उन्हें अस्वीकार करती जाओगी, तब कभी भी मेरे हृदय में से तुम्हारे अपराध की दृढ़ धारणा नहीं मिटेगी, जो मेरे हृदय को मथे दे रही

है। तुम्हें मरना ही होगा।

डैसडेमोना : तब ईश्वर ही मेरा रक्षक है।

ऑथेलो : आमीन!

डैसडेमोना : मुझ पर दया करो! मैंने तुम्हें जीवन में कभी भी क्रुद्ध नहीं किया। कभी कैसियो से प्रेम नहीं किया; उतना ही किया जितना ईश्वरीय नियमों से एक मनुष्य दूसरे से कर सकता है। मैंने कोई स्मृति-चिह्न नहीं दिया।

ऑथेलो : ईश्वर की शपथ! मैंने उसके हाथ में अपना रूमाल देखा है। ओ झूठी क़सम खाने वाली स्त्री! तूने मुझे पाषाणहृदय बना दिया है। तू मुझे हत्या की ओर प्रेरित कर रही है जबकि तेरे अंत को मैंने न्याय का बलिदान समझा था। मैंने स्वयं रूमाल देखा था।

डैसडेमोना : तो उसे मिल गया होगा। मैंने उसे कभी नहीं दिया। उसे बुलवाओ! उसे सत्य स्वीकार करने दो!

ऑथेलो : उसने स्वीकार कर लिया है।

डैसडेमोना : क्या! मेरे स्वामी!!

ऑथेलो : कि उसने तेरा भोग किया।

डैसडेमोना : किसे? गैरकानूनी तरीके से?

ऑथेलो : हाँ!

डैसडेमोना : वह ऐसा नहीं कह सकता।

ऑथेलो : हाँ! अब वह नहीं बोल सकता, क्योंकि वह नहीं रहा। ईमानदार इआगो ने इसका बदला ले लिया है।

डैसडेमोना : मुझे भय है, आपको छला गया है। क्या वह मर गया?

ऑथेलो : यदि जितने उसके शरीर के बाल हैं, उतने भी उसके जीवन होते, तब भी मेरी प्रतिहिंसा इतनी बड़ी है कि उन सबसे बदला लेती।

डैसडेमोना : हाय! वह धोखा खा गया और मैं बरबाद हो गई।

ऑथेलो : चुप रह वेश्या! मेरे सामने ही तू उसके लिए रो रही है?

डैसडेमोना : मेरे स्वामी, मुझे निर्वासित कर दें, पर मेरे प्राण न लें!

ऑथेलो : पड़ी रह वेश्या!

डैसडेमोना : कल मुझे मार डालना! आज-भर जीवित रहने दो।

ऑथेलो : नहीं, यदि तूने प्रयत्न किया...

डैसडेमोना : केवल आध घण्टा और...

ऑथेलो : अब क्या देर, जब निश्चय हो गया...

डैसडेमोना : एक बार प्रार्थना तो कर लूँ...

ऑथेलो : अब बहुत देर हो गई।

(गला घोंटता है)

इमीलिया : *(नेपथ्य से)* स्वामी! प्रभु! स्वामी! मेरे प्रभु!

ऑथेलो : कौन बुला रहा है? क्या अभी नहीं मरी? मैं जो इतना निर्दयी हूँ फिर भी इतना दयालु हूँ...मैं तुझे वेदना में तड़पने नहीं दूँगा...ले...ले...!

(फिर गला घोंटता है)

इमीलिया : *(नेपथ्य से)* स्वामी! सुनिए! प्रभु!

ऑथेलो : कौन है?

इमीलिया : *(नेपथ्य से)* मेरे स्वामी! मैं आपसे एक बात कहना चाहती हूँ।

ऑथेलो : हाँ, वही है इमीलिया! ठहरो! वह मर गई है। मालूम देता है वह कैसियो की मौत की खबर देने आई है। हाँ! अब यह बिल्कुल नहीं हिलती। कब्र की तरह खामोश! चुप! क्या उसे भीतर बुला लूँ? क्या यह ठीक होगा? क्या यह फिर हिल रही है? नहीं! अब सबसे अच्छी बात क्या होगी! यदि वह भीतर आएगी तो वह ज़रूर मेरी स्त्री से बातें करेगी। मेरी स्त्री! मेरी पत्नी! कौन-सी पत्नी! मेरी कोई पत्नी नहीं है! ओ असहनीय! ओ भयानक क्षण! ऐसा लगता है जैसे चन्द्र और सूर्य को देर से ग्रहण ने ग्रसकर घोर अन्धकार कर दिया है और भयभीत पृथ्वी मुँह खोलकर भयानक जम्हाइयाँ ले रही हैं।

इमीलिया : *(नेपथ्य से)* मैं प्रार्थना करती हूँ, मेरे स्वामी! मुझे भीतर आने दीजिए, मैं कुछ कहना चाहती हूँ!

ऑथेलो : अरे, मैं तो तुझे भूल ही गया था! इमीलिया! भीतर आ जाओ! धीरे, ठहरो! मुझे परदे खींच लेने दो। कहाँ हो तुम?

(द्वार का ताला खोलता है। इमीलिया का प्रवेश)

क्या बात है?

इमीलिया : मेरे प्रिय स्वामी! वहाँ भयानक हत्या हो गई।

ऑथेलो : क्या इस समय?

इमीलिया : हाँ देव! अभी!

ऑथेलो : यह तो चन्द्रमा का ही दोष है। वही मनुष्यों पर अपना भयानक प्रभाव डालता हुआ अपना पथ छोड़कर घूम रहा है।

इमीलिया : कैसियो ने, देव! एक रोडरिगो नामक तरुण वेनिसवासी की हत्या कर दी है!

ऑथेलो : रोडरिगो मर गया? और कैसियो भी मर गया?

इमीलिया : नहीं, कैसियो नहीं मरा।

ऑथेलो : क्या! कैसियो नहीं मरा! तब हत्या चूक गई और प्रिय प्रतिहिंसा कठोर और तीखी हो गई। आनन्द नहीं आया।

डैसडेमोना : हाय, मैं झूठ के लिए मारी गई!

इमीलिया : प्रभु! यह कैसी पुकार है।

ऑथेलो : क्या? कैसी?

इमीलिया : हाय! वह तो मेरी स्वामिनी का स्वर था! बचाओ! बचाओ! अरे बचाओ! अरे! स्वामिनी! फिर बोलिए! प्रिय डैसडेमोना! ओ प्रिय स्वामिनी! बोलो!

डैसडेमोना : मैं निर्दोष मरती हूँ।

इमीलिया : हाय! ऐसा काम किसने किया?

डैसडेमोना : किसी ने नहीं...मैंने ही...विदा...मेरे स्वामी से मेरी ओर से कहो...अल...विदा...

(मृत्यु)

ऑथेलो : किस प्रकार इसकी हत्या हुई?

इमीलिया : कौन जाने!

ऑथेलो : तुम्हें याद है न, इसने कहा था कि मैंने ऐसा नहीं किया!

इमीलिया : हाँ, इन्होंने कहा था। मैं सत्य ही कहूँगी।

ऑथेलो : वह एक महान झूठी थी। वह नरक की ज्वालाओं में जलने के लिए चली गई है। मैंने ही उसकी हत्या की है।

इमीलिया : तब तो वह वास्तव में कितनी महान देवी है और तुम और भी भयानक शैतान हो।

ऑथेलो : वह वासनामयी स्त्री परपुरुषगामिनी थी, वेश्या की भाँति थी।

इमीलिया : कितनी नीचता से तुम उसकी व्यर्थ निन्दा करते हो और तुम पूरे शैतान हो!

ऑथेलो : वह जल की भाँति चंचल थी।

इमीलिया : और तुम उसे विश्वासघातिनी कहते हुए अग्नि की भाँति क्रूर और हठी हो! वह देवी थी, पतिव्रता।

ऑथेलो : यदि मेरे पास इतने उग्र पथ पर चलने के ठोस कारण न होते तो मैं इतने जघन्य धिक्कार का पात्र होता कि नरक की भी निम्नतम गहराई मुझे अपने भीतर नहीं रख पाती। तुम्हारा पति सब जानता है।

इमीलिया : मेरा पति?

ऑथेलो : हाँ, तुम्हारा पति!

इमीलिया : कि वह अपने पवित्र वैवाहिक बंधन के प्रति विश्वासघातिनी थी?

ऑथेलो : हाँ, इसके कैसियो से अनैतिक सम्बन्ध थे। यदि यह पवित्र होती तो भले ही परमात्मा ने मेरे लिए एक भिन्न संसार बनाया होता, एक ऐसा संसार जो केवल

एक ही अद्भुत और अनुपम मरकतमणि को काटकर बनाया गया होता, तो भी उसे मैं डैसडेमोना के बदले में स्वीकार नहीं करता।

इमीलिया : मेरा पति!

ऑथेलो : हाँ! उसी ने सबसे पहले मुझे बताया! वह एक ईमानदार आदमी है और दुष्कर्मों पर चिपके कर्दम से घृणा करता है।

इमीलिया : मेरा पति!

ऑथेलो : ओ औरत! तू क्या इसे बार-बार दुहराती है! हाँ, तेरा पति! तेरा पति!

इमीलिया : आह स्वामिनी! नीचता प्रेम से अपना खेल खेल गई। मेरा पति कहे कि यह विश्वासघातिनी थी?

ऑथेलो : हाँ री स्त्री! उसी ने कहा। मैं कहता हूँ तेरा ही पति था! समझती है न? मेरा दोस्त, तेरा पति। ईमानदार सच्चा इआगो!

इमीलिया : यदि उसने ऐसा कहा है तो उसकी कुटिल आत्मा तिल-तिल कर सड़े। उसने गहरा झूठ बोला है। तुम जैसे गन्दे पति को चुनने वाली वह स्त्री तुमसे ही बहुत प्रेम करती थी।

ऑथेलो : हा...हा...

इमीलिया : जो भी बुराई कर सको, करो! तुम उसके लिए ऐसे ही अयोग्य थे जैसे स्वर्ग के लिए तुम्हारा यह कार्य!

ऑथेलो : बेहतर हो, तू बोलना बन्द कर दे!

इमीलिया : जितना दुःख मैं झेल सकती हूँ, मुझे नुकसान पहुँचाने की उससे आधी भी ताकत तुममें नहीं है। ओ मूर्ख! ओ बोदे! धूल और कूड़े की तरह अज्ञानी, *व्यर्थ!* तूने कितना भयानक कार्य किया है, मैं तेरी तलवार से नहीं डरती। मैं संसार में तेरा नाम सबसे कह दूँगी भले ही मुझे अपने बीस जीवन खोने पड़ें...बचाओ...बचाओ...अरे बचाओ...मूर ने मेरी स्वामिनी की हत्या कर दी है...खून...खून!

(मोनटानो, ग्रेशियानो, इआगो इत्यादि का प्रवेश)

मोनटानो : क्या बात हुई? क्यों जनरल! क्या हुआ?

इमीलिया : अच्छा इआगो! तुम आ गए! खूब किया तुमने! अच्छा है कि लोग खून करके तुम पर ज़िम्मेदारी थोपें।

ग्रेशियानो : बात क्या है?

इमीलिया : *(इआगो से)* यदि तुम आदमी हो तो इस नीच *(ऑथेलो)* की बात को काटो! यह कहता है कि तुमने इससे कहा था कि इसकी स्त्री विश्वासघातिनी थी। मैं जानती हूँ तुमने नहीं कहा होगा, तुम ऐसे कमीने नहीं हो। बोलो! मेरा हृदय भर आया है।

इआगो : जो मैंने सोचा वही मैंने इनसे कहा था, जो मुझे सच और ठीक लगा उससे

अधिक मैंने कुछ नहीं कहा।

इमीलिया : पर क्या तुमने कभी इससे कहा था कि वह कुलटा थी?

इआगो : हाँ, कहा था।

इमीलिया : तब तू भी झूठा है, घृणित है, झूठा शैतान है। परमात्मा की सौगन्ध, यह एक भीषण झूठ है कि डैसडेमोना के कैसियो से अनुचित सम्बन्ध थे। क्या कहा था—कैसियो से?

इआगो : हाँ, कैसियो से ही। अब चुप रहो, अपनी जीभ पर काबू करो!

इमीलिया : मैं नहीं रुकूँगी। मेरी स्वामिनी बिस्तर में पड़ी है, उसकी हत्या हुई है।

सब : हे भगवान!! यह क्या हुआ!

इमीलिया : *(इआगो से)* तो तुम्हारी खबरों से ऑथेलो ने भड़ककर यह हत्या की है?

ऑथेलो : नहीं सज्जनो! इस तरह आँखें फाड़कर न देखिए! वास्तव में यह सच है!

ग्रेशियानो : कितना विचित्र सत्य है।

मोनटानो : कितना भयानक कार्य है!

इमीलिया : नीचता! कमीनापन! बदमाशी! मुझे इसमें भयानक शैतानी दिखाई देती है। जी करता है, मैं इस पीड़ा से मर जाऊँ!

इआगो : क्या तुम होश में नहीं हो? मैं कहता हूँ घर चली जाओ!

इमीलिया : योग्य सज्जनो! मुझे बोलने की आज्ञा दो! यही उचित है कि मैं इसकी आज्ञा का पालन करूँ! किन्तु इस समय नहीं! शायद इआगो, अब कभी घर नहीं लौटूँगी मैं।

ऑथेलो : ओह! ओह!

(बिस्तर पर गिरता है)

इमीलिया : नहीं! वहीं पड़े-पड़े अब दहाड़ो! क्योंकि तुमने इस संसार के सबसे सुन्दर जीवित प्राणी की हत्या कर दी है!

ऑथेलो : *(उठकर)* नहीं। वह विश्वासघातिनी थी! *(ग्रेशियानो से)* अरे चाचा! मैं तो आपको पहचान भी नहीं पाया। वह रही आपकी भतीजी। मैंने ही अभी उसका गला घोंटा है। मैं जानता हूँ यह कार्य भयानक और राक्षसी प्रतीत होता है।

ग्रेशियानो : बेचारी डैसडेमोना! मैं इसी बात से प्रसन्न हूँ, तेरे जिस पिता को तेरे विवाह से गहरा धक्का लगा था, अचानक ही कुछ समय पहले मर चुका था। अब यदि वह जीवित रहता तो इस दृश्य ने तो उसे पागल कर दिया होता। सच! उसमें से भलमनसाहत तो बिलकुल ही चली गई होती और वह फिर बुरे ही बुरे कामों में लग जाता।

ऑथेलो : यह सच बहुत बुरी बात है। लेकिन इआगो जानता है कि डैसडेमोना के कैसियो

से अनुचित सम्बन्ध थे। कैसियो ने इस बात को स्वयं स्वीकार किया था। और इसने अपने प्रेम की यादगार के तौर पर कैसियो को एक भेंट दी थी जोकि एक दफा मैंने इसे दी थी। मैंने स्वयं अपना रूमाल देखा था—वह मेरे पिता ने मेरी माता को दिया था, वह कैसियो के हाथ में था।

इमीलिया : ओ दैवी शक्तियो! हे भगवान्!

इआगो : चुप रहो! ज़बान पर काबू करो।

इमीलिया : अब तो सच्चाई को बाहर आना ही पड़ेगा। मैं क्यों न बोलूँ! मैं तो निडर होकर बोलूँगी। ऐसे जैसे उत्तर का निर्भीक प्रभंजन चलता है चाहे परमात्मा सारे मनुष्य और सारे शैतान मिलकर भी क्यों न मेरे विरुद्ध चिल्ला उठें...'धिक्कार है निर्लज्ज'...किन्तु फिर भी मैं बोलूँगी।

इआगो : अक़्ल से काम लो और घर जाओ!

इमीलिया : नहीं जाऊँगी!

(इआगो इमीलिया को तलवार से मारने का प्रयत्न करता है।)

ग्रेशियानो : क्या स्त्री पर तलवार उठाते हो? धिक्कार है!

इमीलिया : ओ मूर्ख मूर! तू उस रूमाल की कहता है? वह तो किस्मत से मुझे मिल गया था और मैंने अपने पति को दिया था क्योंकि अक्सर यह बहुत ही अनुनय करके इतना कि इतनी-सी चीज़ के लिए कोई नहीं करता, मुझसे उसे चुरा लेने की प्रार्थना किया करता था।

इआगो : ओ बदमाश छिनाल!

इमीलिया : डैसडेमोना ने उसे कैसियो को दिया था? नहीं! हाय! वह मुझे मिला था और मैंने उसे अपने पति को दिया था।

इआगो : नीच, तू झूठ बोलती है!

इमीलिया : ईश्वर की सौगन्ध! मैं झूठ नहीं कहती, मैं झूठ नहीं बोलती। सज्जनो! अरे हत्यारे मूर्ख! क्या ऐसा मूर्ख ऐसी कुलीन स्त्री के योग्य था!

ऑथेलो : क्या आकाश में अब ऐसा कोई वज्र नहीं जो इस जघन्य पर टूट सके? ओ महान नीच! नराधम!

(इआगो पर हमला करने दौड़ता है। इआगो पीछे से इमीलिया
के तलवार घुसेड़कर भाग जाता है।)

ग्रेशियानो : स्त्री गिर गई! निश्चित ही उसने हत्या कर दी।

इमीलिया : आह, उसने मुझे मार डाला...मुझे मेरी स्वामिनी के पास ही लिटाना...

ग्रेशियानो : वह भाग गया, किन्तु उसकी स्त्री मारी गई!

मोनटानो : यह तो बड़ा भारी बदमाश था। यह लीजिए, यह शस्त्र जो मैंने अभी मूर

से छीन लिया है। आइए, द्वार पर दृष्टि रखिए। उसे जाने न दें; अगर भागने की चेष्टा करे तो जान से मार डालें! मैं उसी बदमाश के पीछे जाता हूँ, कैसा नीच गुलाम है!

(सब जाते हैं; ऑथेलो और इमीलिया रह जाते हैं।)

ऑथेलो : अब मुझमें वह वीरता भी नहीं रही। एक तुच्छ व्यक्ति मेरे हाथ से मेरी तलवार छीन ले गया! और ईमानदारी से हटकर सम्मान रहे भी कहाँ? जाने दो, सब कुछ जाने दो!

इमीलिया : तुम्हारे गीत ने क्या भविष्य की छाया दिखा दी देवी! सुनती हो! क्या मेरी सुन रही हो? मैं हंसिनी हूँ, संगीत में मेरा अन्त है।[1]

(गीत)

चीड़ के ऊँचे घने तरु की
सलोनी छाँह में...
दीन मन कितनी न भर ली आह हैं
गीत गाती जा सलोनी बेल से...

मूर! वह पतिव्रता स्त्री थी...वह तुम्हें प्यार करती थी निर्दय मूर! मैंने सत्य कहा है, मेरी आत्मा पवित्र हो...मैंने सत्य कहा है...यही कहते हुए मैं मरती हूँ...मैं मरती हूँ...

(मृत्यु)

ऑथेलो : मेरे पास इस कमरे में एक और शस्त्र है। वह स्पेन की तलवार है, बर्फीले पानी में बुझाकर उसका लोहा तैयार किया गया है...यह रही *(पुकारकर)* चाचा! मैं बाहर आऊँगा!

ग्रेशियानो : *(नेपथ्य से)* यदि तुम ऐसा प्रयत्न करोगे तो गहरा मोल चुकाओगे। तुम्हारे पास कोई आयुध नहीं और विवश होकर तुम्हें हानि उठानी पड़ेगी।

ऑथेलो : इधर देखो और तब बात करो! क्या मैं आयुधहीन हूँ? लो, मैं आक्रमण करता हूँ।

ग्रेशियानो : क्या बात है?

ऑथेलो : यह देखो, मेरे पास शस्त्र है। किसी सैनिक के पास इससे अच्छा शस्त्र नहीं था। एक दिन मैंने ऐसा भी देखा है कि जब इस छोटे-से तीखे खड्ग से मैंने ऐसे पथ की बाधाएँ दूर की हैं जो तुम जैसी बाधा से बीस गुनी भयानक थीं। किन्तु अब यह सब व्यर्थ की प्रशंसा है। कौन अपने भाग्य पर विजय पा सकता है? अब

---

1. कहते हैं, मरते समय हंस गाता है।

वह सब नहीं रहा। किन्तु मुझे सशस्त्र देखकर भयभीत न होओ! मैं अपनी जीवन-यात्रा के अन्त तक आ पहुँचा हूँ। यही मेरी मंज़िल है और इससे आगे मेरा गंतव्य नहीं, यही मेरी गति का अन्तिम लक्ष्य है। क्या तुम्हें इसका खेद है! अब यह सब एक विनष्ट भय-मात्र है। अब तो कोई भी ऑथेलो को मार सकता है। ऑथेलो अब कहाँ जाए? इस अपराध के बाद उसको कहाँ शरण है? *(डैसडेमोना के पास जाकर)* ओ हतभागिनी! क्या देख रही है तू! कैसी पीली पड़ गई है तू! जैसे तेरा अधोवस्त्र हो! क्या हम अब न्याय के दिन मिलेंगे? तेरी यह दृष्टि तो मेरी आत्मा को स्वर्ग से नीचे फेंक देगी और शैतान इसे पकड़ लेंगे। कैसी शीतल हो गई है, निर्जीव! जैसे तेरा पातिव्रत्य था। ओ नीच अभिशप्त दास! ओ शैतानो! मुझे मारो, मुझे कोड़े मारो! इतना मारो कि मैं इस दैवी दृश्य से दूर हो जाऊँ। मुझे तूफानों में तिनके की तरह उड़ाओ! मुझे खौलते हुए गन्धक में उबालो! मुझे अथाह तरल अग्नि की खाड़ियों में बार-बार भिगोकर पछाड़ो! ओ...डैसडेमोना! डैसडेमोना! तू मर गई है...हा-हा-हा...

(लोडोविको, मोनटानो, कैसियो को एक कुर्सी में उठाए कुछ लोग तथा अन्य अफसर इआगो को बन्दी बनाकर लाते हैं।)

लोडोविको : वह आतुर और अत्यन्त हतभागी कहाँ है?

ऑथेलो : क्या तुम्हारा मतलब उससे है जो पहले ऑथेलो कहलाता था! लो वह मैं हूँ।

लोडोविको : और वह धोखेबाज़ कहाँ है? पकड़ के लाओ उस नराधम को!

ऑथेलो : मैं उसके पाँव को देख लूँ।[1] लेकिन वह तो एक दन्त-कथा है। किन्तु शैतान मैं स्वयं हूँ, मैं तुझे कैसे मारूँ...

(इआगो को घायल करता है।)

लोडोविको : इससे वह तलवार छीन लो।

इआगो : मैं घायल हो गया हूँ श्रीमान मगर मरा नहीं हूँ

ऑथेलो : मुझे इसका खेद नहीं है। मैं यही चाहता हूँ कि तुम जीवित रहो! क्योंकि मेरी राय में मृत्यु तो छुटकारा है, आनन्द है।

लोडोविको : अरे ऑथेलो! एक समय तुम इतने वीर और उदात्त थे किन्तु इस अभिशप्त दास के कुटिल षड्यन्त्र में फँस गए। तुम्हारे बारे में क्या कहा जाए?

ऑथेलो : मुझसे कुछ भी क्यों न कहा जाए श्रीमान...मैं एक सम्माननीय हत्यारा हूँ...क्योंकि मैंने घृणा से हत्या नहीं की, आत्मसम्मान के लिए की है।

लोडोविको : इस नीच ने कुछ हद तक तो अपनी बदमाशी को मंजूर कर लिया है। क्या तुमने और इसने मिलकर कैसियो की हत्या का आयोजन किया था?

---

1. शैतान के पाँव नहीं खुर होते हैं।

ऑथेलो : हाँ !

कैसियो : किन्तु प्रिय जनरल! मैंने तो आपका कुछ नहीं बिगाड़ा था।

ऑथेलो : मैं मानता हूँ और क्षमा चाहता हूँ। क्या तुम मनुष्य के रूप में छिपे इस *(इआगो)* शैतान से पूछोगे कि किसलिए इसने मेरे शरीर और आत्मा को अपने जाल में फँसाया?

इआगो : मुझसे कुछ मत पूछो! जो तुम जानते हो वही जानो! अब से मैं एक भी शब्द नहीं बोलूँगा।

लोडोविको : प्रार्थना भी नहीं करोगे!

ग्रेशियानो : यातना मिलेगी न, तो आप बोलने लगेगा। वही इसकी जीभ खुलवाएगी।

ऑथेलो : यही सबसे अच्छा रहेगा।

लोडोविको : मैं जहाँ तक समझता हूँ आप नहीं जानते, पर अब सब समझ जाएँगे! यह मृत रोडरिगो की जेब से निकाला हुआ एक पत्र है और यह एक और है। इनमें से एक पत्र से ज्ञात होता है कि रोडरिगो ने कैसियो की हत्या करने का भार उठाया था।

ऑथेलो : ओह, कैसा बदमाश था!

कैसियो : शैतान! भयानक! क्रूर!

लोडोविको : यह दूसरा पत्र है, जिसमें रोडरिगो इआगो से शिकायत करता है कि इसने डैसडेमोना के सम्बन्ध में अपने वादे पूरे नहीं किए। यह पत्र रोडरिगो इस नीच बदमाश इआगो को भेजना चाहता था लेकिन बीच में ही इआगो उससे मिला और इसने उसे किसी तरह समझा-बुझा दिया।

ऑथेलो : ओ कमीने बदमाश! सुनो कैसियो! तुमको मेरी पत्नी का रूमाल कैसे मिला?

कैसियो : वह मुझे अपने कमरे में पड़ा मिला, पर अब तो इसने स्वीकार ही कर लिया है कि इसी ने अपना उल्लू साधने को उसे विशेषकर मेरे कमरे में डाला था।

ऑथेलो : सुन ले मूर्ख! सुन ले मूर्ख! नितान्त मूर्ख!

कैसियो : रोडरिगो के पत्र में इआगो को बुरा-भला भी कहा गया है, क्योंकि इसने उसे उत्सव की रात को मुझसे ड्यूटी के वक्त भिड़ा दिया था जिसकी वजह से मेरी नौकरी जाती रही। और अभी-अभी रोडरिगो जो काफी देर तक ज़ाहिरा तौर पर मुर्दा-सा पड़ा रहा, कुछ देर को उठा था और उसने बताया था कि मुझपर हमला करके घायल करने वाला इआगो ही था।

लोडोविको : आप अब इस कमरे को छोड़ें और हमारे साथ आएँ! आप साइप्रस के अधिकार से वंचित किए जाते हैं और आपकी जगह कैसियो शासन करेंगे और जहाँ तक इस गुलाम इआगो का सवाल है, इसको तो भयानक से भयानक दण्ड दिया जाएगा जिसमें इसे बहुत ही कड़ी यातना झेलनी पड़े। आप तब तक बन्दी बनाकर रखें जाएँगे जब तक आपके अपराध की सूचना वेनिस सरकार तक नहीं पहुँचा दी जाती।

ऑथेलो : आपके जाने के पहले मैं दो शब्द कहना चाहता हूँ। जाने के पहले मुझे बोलने

की आज्ञा दीजिए! वे जानते हैं कि मैंने राज्य की क्या-क्या सेवाएँ की हैं और अब मैं उनपर गर्व भी नहीं करूँगा। मैं आपसे केवल यही प्रार्थना करता हूँ कि इस हतभाग्य घटना का वर्णन करते समय आप जब मेरे विषय को लें तब वही लिखें जैसा कि मैं वास्तव में था। न कुछ कम करें, न विद्वेष से कुछ बढ़ाएँ ही, तब आपको यही लिखना होगा कि मैंने बुद्धिमानी से नहीं, वरन् बहुत गहराई से प्रेम किया था। मेरी ईर्ष्या मामूली बातों से नहीं जाग सकती थी, किन्तु जब एक बार वह भड़क उठती थी तो वह मुझे पराकाष्ठा की यातना देती थी। मैं ऐसा था जिसने एक अमूल्य और अद्वितीय स्त्री को खो दिया था। जैसे कोई नीच भारतीय अपनी जाति से भी मूल्यवान मोती को फेंक देता है। मैं ऐसा था जिसकी आँखें नहीं बरसती थीं, किन्तु अब जब रोने को मजबूर किया गया हूँ तो आँसू ऐसे टपक रहे हैं जैसे अरब के वृक्षों का गोंद टपकता है। यह सब लिखना और अन्त में लिखना कि एक बार एलप्पो में जब एक ईर्ष्यालु साफा बाँधे तुर्क ने एक वेनिसवासी को मारा और हमारे राज्य को गाली दी, तब मैंने उस सुन्नत किए हुए कुत्ते की गर्दन पकड़ ली और इस तरह से उसे मार डाला जैसे अब मैं अपने को मारता हूँ...

(आत्महत्या करता है)

लोडोविको : कैसा भयानक समय है!

ग्रेशियानो : यह सारा विवाद ऑथेलो की आत्महत्या से व्यर्थ हो गया...

ऑथेलो : *(डैसडेमोना से)* मैंने तेरी हत्या करने के पहले तेरा चुम्बन लिया था...इसी तरह जैसे अब लेता हूँ...अब मैं भी मरता हूँ...एक चुम्बन पर न्योछावर होकर...

(शय्या पर गिरकर मृत्यु)

कैसियो : मुझे तो इसका पहले ही डर था। पर मैं समझता था इसके पास आयुध नहीं है अतः अपने को मार नहीं सकेगा। निस्संदेह इसका हृदय महान था!

लोडोविको : *(इआगो से)* अरे बर्बर कुत्ते! तू बुभुक्षा, उन्नद्ध सिन्धु और विक्षोभ से भी अधिक क्रूर है। देख, इस शय्या पर कितनी वेदना संचित पड़ी है। यह तेरा कार्य है। देखकर ही नयनों में विषाक्त छाया पड़ती है! इन्हें ढँक दो! इन्हें ढँक दो! ग्रेशियानो! तुम इस घर की देखभाल करो! मूर की संपत्ति पर अधिकार कर लो, क्योंकि तुम ही इसके उत्तराधिकारी हो। श्रीमन्त गवर्नर! अब यह आप पर निर्भर है कि इस कमीने शैतान को आप कैसी सज़ा दें—इसे यातना देने का समय, स्थान और तरीका आपकी मर्ज़ी पर है और कृपया खूब कड़ाई से काम लीजिएगा। और जहाँ तक मेरा सवाल है, मैं जहाज़ में बैठकर लौट जाता हूँ और यह दुःखद घटना भारी हृदय से राज्य को सुनाऊँगा।

(प्रस्थान)

❑❑❑